colección

BFV ■ Biblioteca de la Filosofía Venidera

dirigida por ☐ Fabián Ludueña Romandini

Diseño y composición: Gerardo Miño

Edición: Primera, Abril de 2022

Lugar de composición: Suipacha, Pcia. de Buenos Aires

Lugar de impresión: Barcelona / Buenos Aires

Código Thema: QDTJ [Filosofía: metafísica y ontología]

ISBN: 978-84-18929-42-7

Depósito legal: M-10086-2022

colección
BFV ■ Biblioteca de la Filosofía Venidera

Esta colección quiere abarcar en su espíritu obras que, como quería Walter Benjamin, intenten reflejar no tanto a su autor sino más bien a la dinastía a la cual éstas pertenecen. Dinastías que otorguen los instrumentos para una filosofía por-venir donde lo venidero no sea sólo una categoría de lo futuro sino que también abarque lo pasado, suspendiendo la concepción moderna del tiempo cronológico a favor de una impureza temporal en cuyo caudal pueda tener lugar la emergencia de un pensamiento inactual e intempestivo, capaz de mostrar la potencia filosófica oculta en todas las tradiciones del conocimiento. Filosofía, entonces, como el arte de la fabricación de nuevos conceptos, donde la novedad es siempre entendida tomando en cuenta su anacronismo fundamental y su perpetua inclinación a la polémica.

Pedro Miño, *in memoriam*

FABIÁN LUDUEÑA ROMANDINI

ONTOLOGÍA ANALÉPTICA

VAMPIRISMO y LICANTROPÍA

en el origen y destino de la vida

Página web: www.minoydavila.com

Facebook: http://www.facebook.com/MinoyDavila

Mail producción: produccion@minoydavila.com

Mail administración: info@minoydavila.com

Oficinas: Tacuarí 540

(C1071AAL), Buenos Aires, Argentina.

tel-fax: (54 11) 4331-1565

ÍNDICE

καθαίρονται δ' ἄλλως αἵματι μιαινόμενοι

Celebrar sacrificios en vano manchándose con sangre

HERÁCLITO. *In*: Hermann DIELS – Walther KRANZ,
Die Fragmente der Vorsokratiker, ɪ, fragmento 5.

Even from the tomb the voice of nature cries

Thomas GRAY,
An Elegy Written in a Country Church Yard (1751).

Le Sang est le premier et le plus noble symbole de
l'appartenance primordiale entre humains.

Conde Hermann de KEYSERLING,
Méditations sud-américaines (1932).

Quisiera, o bien derrotar dentro de sí al lobo
y vivir enteramente como hombre
o bien, por el contrario, renunciar al hombre
y vivir, al menos, como un lobo,
una vida uniforme sin desgarramientos. [...]
Seguramente no ha examinado nunca
con atención a un lobo auténtico.

Tractat del lobo estepario (no para cualquiera).
In: Hermann HESSE,
El lobo estepario [Der Steppenwolf] (1927).

ULTRA-HISTORIA DE LA VIDA-MUERTE

INTROITO

En un tiempo en que la datación no puede aspirar a la exactitud cronológica pero que, no obstante, permite situar los hechos en el primer tercio del siglo XVIII, un acontecimiento de extrema peculiaridad tiene lugar en un cantón de Hungría que ostenta en latín el nombre de Oppida Heidenum, en las cercanías de Transilvania, donde reside el pueblo Haiduco. Malhadado, un Haiduco llamado Arnold Paule, habitante de Medreiga, murió aplastado por un carro que transportaba heno. Treinta días después de su muerte "cuatro personas murieron súbitamente y de la manera en que mueren, siguiendo la tradición del país, aquellos que son afectados por los Vampiros" (De Boyer, 1754: 152).

Recordaron entonces los memoriosos del pueblo que Arnold Paule relató cuando gozaba aún de vida que, en las fronteras de la Serbia turca, había sido atormentado por un Vampiro. Las conclusiones se precipitaron sobre lo que parecía innegable: Paule había sido un Vampiro pasivo en vida que se volvió activo después de su muerte. De hecho, la víctima había retrasado su conversión estando en vida debido a que había seguido el inveterado ritual de comer de la tierra del sepulcro del Vampiro que lo había atacado.

Transcurridos cuarenta días luego de su deceso, se convocó a un experto en vampirismo para exhumar su tumba y se encontraron en su cadáver todas las marcas de un "archi-Vampiro": cuerpo de color bermejo, sus cabellos, uñas y barbas se habían renovado y estaba "todo lleno de sangre fluida". Los presentes, con autorización del magistrado, no dudaron en seguir el procedimiento recomendado por el experto y así atravesaron, de parte a parte, con una piedra el corazón del difunto Arnold Paule provocando en el cadáver un grito espeluznante "como si hubiese estado con vida". Ni bien cumplido aquel acto, los presentes se aprontaron a decapitarlo y quemarle su cuerpo para arrojar finalmente sus cenizas al río. Con el mismo rigor se aplicó idéntico procedimiento a las restantes cuatro víctimas de vampirismo.

Toda esta escrupulosidad no pudo impedir, sin embargo, que cinco años más tarde el fenómeno reemergiera de modo aun más feroz con diecisiete nuevas víctimas, de sexo y edad variadas, muertas también a causa de vampirismo. Habiendo respondido los expertos a una nueva indicción, se pudo descubrir gracias a los sueños de una de las víctimas, que antes de su muerte Arnold Paule había succionado la sangre no solamente de cuatro personas sino también de algunos animales que habían servido luego de alimento para los nuevos vampiros. Se decretó entonces una cuarentena minuciosa para detectar, ejecutar, quemar y arrojar las cenizas al río de todas aquellas víctimas que presentasen signos de vampirismo. Cabe subrayar que "todas las informaciones y ejecuciones (...) han sido llevadas adelante jurídicamente siguiendo las formas y fueron objeto de testimonio por parte de varios Oficiales (...) y los Cirujanos Mayores [siendo] el proceso verbal enviado al Consejo de Guerra Imperial en Viena que estableció una comisión militar para examinar la verdad de todos estos hechos" (De Boyer, 1754: 154-155).

La crónica precedente ha sido transmitida por las *Cartas Judías* del Marqués de Argens, escritas promediando la primera mitad del siglo XVIII. La proveniencia a partir de un documento de carácter literario ha hecho considerar a los historiadores que todo el relato no corresponde sino a un acucioso ejercicio de ficción realista. Empero resulta paladino que las fuentes del relato custodian un núcleo folclórico de procedencia al menos euroasiática que puede remontarse al fondo de los siglos. Por eso, en este punto, la filología histórica habitual debe ceder su lugar a la ultra-historia como disciplina paleo-ontológica.

De esta manera, las páginas que siguen se aventurarán en los inmemoriales meandros que se yerguen incluso más allá del ánthropos para develar el trasfondo filosófico que se oculta en el enigmático cuanto espeluznante caso del Archi-Vampiro de *Oppida Heidenum*. Si la tarea que nos proponemos llevar adelante se ve coronada por un aceptable éxito, nos veremos confrontados con el sentido post-metafísico del vampirismo pero, asimismo, nos habremos adentrado en los trasfondos últimos que han posibilitado al ser hablante emerger a la vida para erigirse en el Amo aparente, aunque no por ello menos tiránico, de Gaia. Esta pesquisa no podrá entonces eludir la pregunta sobre el sentido ontológico del concepto de vida-muerte y el origen de las especies sobre la Tierra.

ELUCIDACIÓN METODOLÓGICA

La presente indagación, por la materia misma que abordará, nos conducirá a un territorio que es todo menos seguro y que, por esa misma razón, nos exhorta a adentrarnos en él con cautela pero decididamente. Dicha exploración nos conducirá, entonces, a una investigación sobre el origen (*Entstehung*) como "punto de surgimiento" (FOUCAULT, 2001, vol. I: 1011) que no busca una datación cronológico-material precisa sino intelectivo-estructural del problema de la vida-muerte. Explicado en otros términos cercanos a Karl Kraus, se puede afirmar que, para este estudio y como tendremos ocasión de constatarlo, "el origen es la meta" (ANTELO, 2015: 16).

En este camino, seguimos la estela de F.W.J. Schelling y habremos de toparnos con aquello que él gustaba denominar el "fundamento oscuro de la naturaleza (*des finstern Naturgundes*)" (SCHELLING, 2001: 378). Si para el filósofo alemán a partir de ese punto puede elevarse la luz que permite el inicio del "reino de la historia (*Reich der Geschichte*)" (SCHELLING, 2001: 378), nuestra búsqueda, al contrario, nos llevará a adentrarnos en la oscuridad del reino de la prehistoria e, incluso, del tiempo sin historia del cosmos ilimitado. En este sentido, nuestra ontología analéptica busca alcanzar aquel sendero que nos acerque al punto "anterior a todo fundamento y a todo existente (*vor allem Grund und vor allem Existierenden*)" y, por tanto, libre de toda dualidad. Se trata del misterio último del in-fundamento (*Ungrund*) que precede a todas las oposiciones (SCHELLING, 2001: 406).

Ciertamente, no se trata de caer en el equívoco de uno de los más grandes lectores de Schelling que ha visto en el in-fundamento un determinante "meramente negativo" (HEIDEGGER, 1988: 285). Al contrario, como estimamos que de una positividad para-ontológica se trata, queremos acentuar dicho carácter en el acto conceptual de la traducción: no perseguimos el no-fundamento sino la morfología abierta del in-fundamento de lo humano y de la vida-muerte a cuya delimitación post-metafísica (por tanto, incluso allende el Ser) pertenecen las páginas que siguen. Por estas razones, este libro no es una filosofía del vampirismo y la licantropía. Al contrario, se trata de indagar en una ontología de nuevo tipo para la cual el vampirismo y la licantropía se presentan como las vías regias de acceso, pues estos han sabido custodiar, en el transcurrir de los milenios, la latencia de sus secretos.

VAMPIRISMO

— 1 —

La enjundiosa amalgama de los estudios sobre el vampirismo, como suele lamentablemente ocurrir en los tiempos que corren, ha empobrecido su objeto de estudio en pos de presuposiciones metodológicas que carecen de sustento epistemológico. Por esta razón, investigaciones robustas sobre la genealogía de la obra de Bram Stoker sobre Drácula que abarcan problemas médicos, socio-económicos y culturales han concluido en que el afamado aristócrata vampírico sería el caso más conspicuo de la sedimentación de un fenómeno que no posee más que apenas dos siglos anteriores a la publicación, en 1897, de la novela gótica en cuestión. En otros términos, el vampirismo y, por supuesto, la licantropía, serían fenómenos de corta duración y expresión literaria de las preocupaciones y del imaginario más logrado de la (anti)modernidad capitalista.

De este modo, se ha transformado en programa descartar toda aproximación "trans-histórica" o "trans-nacional", vale decir, de *longue durée* geo-temporal. Dicho de modo conciso, la "nueva historia" levanta su baluarte en contra de toda investigación que busque lo "inmemorial" en el fenómeno vampírico o de la licantropía (Groom, 2018: xiv-xvi). Ante esta notable miopía académica que ignora tanto la contundencia de las fuentes como la necesidad de la especulación filosófica sobre un tema que, de ningún modo, el abordaje historiográfico puede agotar, deberemos adoptar, por necesidad, el camino señalado como negativo y prohibido. En ese sendero debemos destacar especialmente la aproximación multidisciplinar llevada adelante por José Emilio Burucúa y Fernanda Gil Lozano cuando, por medio de un rastreo exhaustivo del mundo del *Drácula* de Stoker, han buscado reconstruir lo siniestro como experiencia humana fundamental (BURUCÚA – GIL LOZANO, 2002).

Deberemos, por tanto, partir en la búsqueda, precisamente, de lo Inmemorial de los fenómenos en cuestión. En efecto, la novela de Bram Stoker es todo lo opuesto de lo que la crítica moderna escribe sobre ella. La obra literaria trata del embellecimiento y de la construcción de un vampirismo estética y éticamente soportable pero que no deja de vehiculizar los elementos de los rituales milenarios que le dan sustento.

Para adentrarnos en esa dirección, convendrá seguir el ejemplo de Walter Benjamin quien supo enunciar, con una ambición que hoy escandalizaría a la "nueva historia" que "es el presente el que polariza el acontecer en prehistoria y posthistoria (*Es ist die Gegenwart, die das Geschehen in Vor- und Nachgeschichte polarisiert)*" (BENJAMIN, 1982: 588). Salvo que, como habremos de constatar a lo largo de nuestro recorrido, la prehistoria tanto del vampirismo como de la licantropía se extienden mucho más allá de toda temporalidad humana para explorar los meandros insondables de la historia natural del espacio geodésico y tocar el misterio mismo del acontecer de la vida. Una vida que, en cierto sentido, se sustrae a todo tiempo humano para adentrarse, no cabe otro modo de expresarlo mejor, en la temporalidad cósmica que es la matriz preexistente de todo tiempo vivido y, por ende, su condición de realización.

Efectivamente, al abordar el vampirismo y la licantropía, habremos de medirnos con los mitos. Una de las cumbres ejemplares de la indagación mitológica sigue siendo la obra de Friedrich Creuzer para quien, ciertamente, el mito es múltiple en tanto maneras diversas de abordar lo divino, mientras que el símbolo atraviesa esa plasticidad para encontrar la estructura inmutable. Con todo, el mito para Creuzer implica "transformar (*umzusetzen*) lo pensado en algo acontecido (*ein Geschehenes*)" (CREUZER, 1812, IV: 568). De este modo, en el culto, la historia se vuelve acontecimiento enunciativo en la tradición del destino simbólico. Ahora bien, los fenómenos como el vampirismo o la licantropía nos conducirán al punto de ruptura del símbolo donde hay que poner palabras, en una suerte de decir necesariamente incompleto pero posible, no ya al acontecer del mito sino al devenir mismo de la existencia. En cierta forma, se trata de ir hacia el grado cero de todo simbolismo y más allá para sumergirse en un campo pre-mítico donde sólo le cabe a la metafísica especulativa poder adentrarse.

El presente libro, en estos aspectos, no es un proyecto que pueda adscribirse a la línea de Aby Warbug, quien, a pesar del empecinamiento esquivo de las interpretaciones todavía predominantes de su obra en el presente, sitúa su búsqueda más allá de la historia y de la cultura, en el punto de fricción donde ambas se tocan pues el estudioso siempre ubicó "en un lenguaje gestual (*gebärdensprachlich*) la escala entera de las conmociones humanas (*Ergriffenseins*), desde el desamparado ensimismamiento (*der hilflosen Versunkenheit*) hasta el más sangriento canibalismo (*mörderischen Menschenfrass*)" (WARBURG, 2000: 3), vale decir, el vórtice corporal que actúa como fuente de todas sus imágenes supervivientes a través de los siglos.

El límite de la empresa warburguiana es, en efecto, su somatismo como estructura última del *páthos* que luego inunda, fervorosamente, la historia cósmica de lo humano. Sin embargo, aquí el cuerpo y sus pasiones no pueden ser el umbral último de nuestra indagación: deberemos afrontar los territorios que son la condición de posibilidad de esa ilusión que llamamos cuerpo y entender, con una nueva mirada, el fenómeno mismo de la vida-muerte.

Sin embargo, en ese recorrido debemos también tomar distancia del "Uno primordial (*Ur-Eine*)" de una vida que se desgarra a sí misma en la individuación trágica, como propone Friedrich Nietzsche en su juventud (NIETZSCHE, 1972 §4). De igual modo, la fisiología que Nietzsche en su madurez retoma de sus lecturas de Lange, Roux, Helmholtz y Feré también presenta, como en el caso de Warburg, el límite de los cuerpos a la hora del estudio de la prehistoria de los valores aun si, ciertamente, admite una física de las fuerzas en el materialismo del Eterno Retorno. Por ello, aunque de enorme interés, "los fisiólogos y médicos (*Physiologen und Mediciner*)" que Nietzsche recomienda para el estudio de la "historia evolutiva de los conceptos morales (*Entwicklungsgeschichte der moralischen Begriffe*)" de las Facultades de Filosofía (NIETZSCHE, 1988 §17), una vez más, delimitan el problema de la vida dándolo como un pre-supuesto, evitando así la indagación necesaria sobre sus condiciones metafísicas de posibilidad.

— 2 —

Es necesario interrogarse, aunque sea de modo preliminar, cuándo la filosofía dejó de otorgarle ciudadanía teórica al fenómeno vampírico y permitió únicamente su subsistencia como un hecho ficcional que la literatura podía eventualmente recrear. Este clivaje tuvo lugar en la Modernidad y un primer ejemplo lo proporciona el monje polígrafo Benito Feijoo quien pudo escribir:

> Que los *Vampiros*, o *Revinientes* de Moravia, Hungría, Polonia, &c. de quien se cuentan cosas tan extraordinarias, tan especificadas, tan circunstanciadas, tan revestidas de todas las formalidades capaces de hacerlas creer, y probarlas jurídicamente en los Tribunales más exactos y severos: que todo lo que se dice de su regreso a la vida, de sus apariciones, de la turbación, que causan en las poblaciones, y en las campañas: de la muerte que dan a las personas, chupándoles la sangre, o haciéndoles señal para que los sigan: que todo esto no es más que ilusión, y efecto de una impresión fuerte en la imaginativa (FEIJOO, *Cartas eruditas y curiosas*, XX, 53).

En una postura similar, podemos leer en Jean-Jacques Rousseau:

> Si existe en el mundo una historia atestiguada, es la de los Vampiros (*Wampirs*). Nada falta: procesos verbales, certificados de Notables, Cirujanos, Curas, Magistrados. La prueba jurídica es de las más completas. Con ello, ¿quién cree en los Vampiros? ¿Seremos nosotros todos condenados por no haber creído en ellos? Por mucho que estén atestiguados, con el acuerdo mismo del crédulo Cicerón, varios de los prodigios transmitidos por Tito Livio, yo los considero como tantas otras fábulas. (Rousseau, *Lettre à Christophe Beaumont*, 1969: 1005).

Como puede apreciarse, aunque Rousseau admite la remota antigüedad del fenómeno vampírico y Feijoo lo atribuye, en cambio, a un fenómeno exclusivamente moderno, en ambos casos el argumento es el mismo: se trata de acontecimientos que no tienen otro valor que el de una fábula que ha excitado en demasía la facultad imaginativa. De igual modo, Voltaire manifiesta, en su *Dictionnaire philosophique*, su irónica incredulidad sobre el hecho de que se pueda creer en los vampiros después de Locke, Shaftesbury, D'Alembert o Diderot (Voltaire, 2010: *vide* "vampire"). En definitiva, el vampirismo (pero también la licantropía) entran en la Modernidad como una patología de la imaginación y de la irracionalidad. Esta tendencia, como hemos visto, aún hoy presente en los estudiosos del tema, ha impedido comprender la auténtica naturaleza de los fenómenos en cuestión. Se clausuró, de este modo, la vía regia que la filosofía poseía para adentrarse en el laberinto del fenómeno de la vida-muerte y sus secretos o, incluso, del sentido mismo de la historia de la metafísica en cuanto producción de lo humano.

— 3 —

La etimología es siempre una brújula que, usada con acumen, orienta de modo más seguro de lo que muchas veces suele admitirse. A pesar de las hipótesis que han planteado un origen griego, hebreo, húngaro o, incluso, turco del término "vampiro", los lingüistas admiten hoy la plausibilidad de los estudios de Aleksander Brückner que sitúan el origen del vocablo en la lengua búlgara y la palabra *upir* que está en la base de la raíz de su contrapartida "vampiro" (WILSON, 1985: 578).

Ciertamente, los primeros usos registrados del término "vampiro" aparecen en francés, inglés y latín para referirse a fenómenos de vampirismo en Polonia, Rusia y Macedonia. El caso del latín resulta por demás instructivo pues su uso precede a la lengua vernácula en Italia. Así tenemos el testimonio del papa Benedicto XIV que publica en Roma, durante el año 1749, su *De Servorum Dei Beatificatione et de Beatorum Canonizatione*, cuyo capítulo cuarto lleva por título, precisamente, *De vanitate vampyrorum*. Los desarrollos del texto dan cuenta de los sesudos esfuerzos del Sumo Pontífice por la preservación de los cadáveres mutilados bajo el pretexto o la creencia de que se trataba de vampiros (WILSON, 1985: 582). Sin embargo, importa allí la intuición de largo alcance de Benedicto XIV, quien abre el camino de una pesquisa al señalar, con toda acritud, que la creencia en los vampiros encuentra sus raíces en tiempos antiquísimos y que, por tanto, no puede ser combatida por medios simples.

En efecto, el razonamiento implícito del Papa es formalizable en términos modernos: la existencia de un término, en este caso "vampiro", no debe llevarnos a asumir que su realidad comienza con su registro lingüístico. Bajo otros nombres, el fenómeno precede al vocablo o, dicho de otro modo, las series históricas no están necesariamente atadas a la aparición lingüística de un concepto. Insuficiencia pues, para estos asuntos, de una historia conceptual que ignore que las series históricas pueden estar disociadas de los sinuosos caminos de la lengua. Para ser más precisos, resulta posible que un fenómeno histórico atraviese las más diversas capas lingüísticas y culturales. Se impone, entonces, el estudio comparativo y una ultra-historia que esté atenta al hecho de que fenómenos estructuralmente conexos pueden obedecer a diferentes estratos o grupos de expresiones lingüísticas. En los casos que nos ocupan, particularmente en el vampirismo y la licantropía, este habrá de ser el hilo de Ariadna metodológico que guiará nuestra pesquisa.

— 4 —

Las fuentes greco-latinas que ofrecen testimonios sobre el vampirismo que se remontan, incluso, a cronologías indómitas bien anteriores a su puesta en escritura (WRIGHT, 1914), dan cuenta, desde la noche de los tiempos, de las propiedades distintivas de un fenómeno mitopoiético y una praxis cultual que se sitúan entre la muerte, el sacrificio y la sangre.

En los funerales de Patroclo, en la *Ilíada*, el ritual comporta una verdadera hecatombe de toros blancos, ovejas y cabras degollados todos para ofrecer la bebida necrófila al difunto: "fluía en torno del cadáver (*nékun*) la sangre (*aîma*)" (HOMERO, *Ilíada*, XXIII, 30-34). La monumental obra de Erwin Rohde, siempre imprescindible, reconocía en estas presencias homéricas, la archi-huella de arcaicos ritos funerarios sanguinarios: "el olor de la sangre (*die Witterung des Blutes*) atrae a las almas y 'la saciedad del apetito por la sangre (*Blutsättigung*) [*haimakouría*]' es el auténtico propósito de estas ofrendas" (ROHDE, 1903: 53).

De hecho, que las almas de los muertos, en el ámbito greco-latino, puedan tomar legítimamente la forma de vampiros y se hallen estrechamente relacionadas a las metamorfosis animales es una tesis ciertamente poco frecuentada pero bien establecida (DUMÉZIL, 1929: 44-47). Más aun, esta antigua tradición, según Georges Dumézil, puede y debe ser colocada en paralelo con las leyendas vampíricas provenientes del folclore de la Europa central y occidental. Un camino que, ciertamente, había seguido, en la misma época, aunque con diferente metodología, uno de los más importantes estudiosos del fenómeno (SUMMERS, 2003: 1-77 y 132-324).

Si examinamos las fuentes antiguas, en la *Hécuba* de Eurípides
el espectro de Polidoro hace saber que Aquiles, ya muerto,
apareció con su sombra coronando su tumba para retener
el avance de todo el ejército heleno. El muerto Aquiles tenía
entonces un reclamo para los vivos que enuncia Polidoro: "reclama
a mi hermana Polixena como víctima sacrificada (*prósphagma*)
bienvenida (*phílon*) para su tumba (*túmboi*) y como adehala
sacrificial" (Eurípides, *Hécuba*, 40-43). En ese sentido, los vampiros
antiguos establecían un lazo que, desde el mundo de los muertos,
podían extender hacia la política, la guerra y las civilizaciones de los
vivos.

Por esa misma razón, su agencia tenía un muy alto precio:
el "difunto Aquiles (*katthaneîn Achilléos*)" exige "la libación de
sangre para la tierra y para el muerto" (Eurípides, *Hécuba*, 389 y
392-393). En este contexto, el Vampiro era un eje que podía unir
el inframundo con el supramundo y ambos con el mundo humano.
El medio para ese pasaje, contrariamente a las visiones irenaicas
sobre la religión antigua, estaba dado por el ritual de la sangre
sacrificada. En ese sentido, la sangre actuaba como un viaducto
que, siendo físico, era a la vez metafísico, mostrando que toda
metafísica de lo sobrenatural tiene su origen en el cuerpo y sus
fluidos, particularmente la sangre. La historia de la metafísica es
también una hemato-somatología del Ser y no meramente una
conjunción de abstracciones como la inmensa mayoría de las
interpretaciones contemporáneas intentan hacer valer.

Taltibio cuenta entonces el sacrificio y las palabras
ceremoniales del hijo de Aquiles durante el ritual: "acéptame
estas libaciones propiciatorias (*choás keleteríous*) que atraen a los
muertos (*nekrôn*). Ven, para que puedas beber la negra (*mélan*) y
pura (*akraiphnès*) sangre (*aîma*) de la muchacha (*kóres*)" (Eurípides,
Hécuba, 535-538). En esta escena es importante una precisión
filológica, pues se utiliza el vocablo *choé*, una libación en la tumba
de un muerto, a diferencia de la libación a los dioses que se califica
de *loibé* o *spondé*. Este señalamiento cobra toda su importancia

pues hace referencia a lo arcaico y primordial de los ritos antiguos antes de que estos encontraran una vía de simbolizar el sacrificio bajo ropajes analógicos que aún hoy perduran en la matriz del pensamiento occidental.

En la tragedia de Sófocles *Edipo en Colono*, en cierto punto, Edipo enarbola un amargo discurso sobre el ineluctable destino de los humanos a quienes el acercamiento paulatino a la muerte les consume la juventud, el vigor, la confianza y hasta la amistad entre pares, incluida la amistad política que teje las alianzas entre las ciudades. De allí que Edipo advierta a Teseo que las buenas relaciones con Tebas pueden seguir el mismo decurso general y dañarse en cuyo caso "entonces, mi frío (*psychrós*) cadáver (*nékus*) enterrado (*kekrumménos*) beberá (*píetai*) la caliente sangre (*thermòn aîma*) de ellos, si Zeus es aún Zeus y Febo, hijo de Zeus, sigue siendo infalible (*saphés*)" (SÓFOCLES, *Edipo en Colono*, 620-625). El nacimiento de la política occidental se sella, precisamente, en la alianza ritual de la tierra y la sangre derramada pues, contrariamente a lo que suele enarbolarse, los muertos son los señores de la historia en el mundo antiguo.

El *Scholiasta Ranarum* de los fragmentos atribuidos a Aristófanes identifica a la propia diosa Hécate como una auténtica *emousa* (*tèn émpousan*) y, por tanto, todo el vampirismo antiguo de Grecia se sitúa bajo el reino de Hécate y su influencia (ARISTÓFANES, fr. 416 = DINDORF, 1846: 504). De hecho, Filóstrato, destacado exponente de la Segunda Sofística, narra la historia de cómo el filósofo pitagórico y chamánico-taumatúrgico Apolonio de Tiana se enfrentó a una poderosa *empusa* (criatura también clasificada entre las *lamias* o *mormolicias*) que pretendía hacer víctima suya al bello efebo Menipo de Licia, pues este satisfacía los apetitos de la vampiresa por los "placeres sexuales (*aphrodisíon*) y la carne humana (*sarkôn*)". Una elaborada estratagema que incluía las artes mágicas hizo que la *empusa* tomase la forma de una hermosa y acaudalada mujer dispuesta a desposarse con el joven.

Habiendo este aceptado tan irresistible convite, sólo Apolonio de Tiana, en el banquete nupcial, pudo poner al descubierto el maleficio e impedir la muerte de Menipo en manos de la criatura de la noche, "pues esta estaba habituada a comer (*siteîsthai enómizen*) cuerpos (*somáton*) hermosos (*kalà*) y jóvenes (*néa*) dado que la sangre (*aîma*) de estos era pura (*akraiphnès*)" (FILÓSTRATO, *Vida de Apolonio de Tiana*, IV, 25). Ciertamente, la historia tiene paralelos con las vicisitudes narradas por Flegón de Tralles sobre Macates y Filinion en la que esta última cobra una vida póstuma por la intervención de una *empusa* (GIANNINI, 1966: 170-178).

Estas muestras cabales de la existencia, bajo otros nombres, del vampirismo antiguo nos devela su íntima correlación no sólo con la muerte, como podría creerse a primera vista, sino más bien con la vida-muerte pues la sangre oficia como sustancia ontológica de pasaje entre el mundo de los vivos y de los muertos y el sacrificio es el operador político originario de la *pólis* antigua. De esta manera, el mundo sobrenatural, rector último de toda la política, se alcanzaba con el rito de la sangre derramada. Para los Antiguos, no hay política sin cuerpo pues no hay entrada al mundo de los dioses y démones si no es mediante la sustancia corporal de la sangre vital.

El léxico bizantino de la Suda define a la *empusa* como un "fantasma demónico (*phántasma daimoniôdes*)" enviado por Hécate o que directamente se identifica con ella, hallándose así "emparentada con los sacrificios a los muertos (*toîs katoichoménois enagízosin*)" (SUDA, 1834: 1227). Nuevamente tenemos aquí la misma consideración filológica precedente respecto de la terminología ritual, pues el verbo empleado *enagízo* corresponde al sacrificio a los muertos en lugar de su opuesto *thúein* que se aplica al sacrificio a los dioses.

Y, en este punto, conviene no olvidar que Hécate era, al mismo tiempo, la diosa tutelar de la elocuencia en las asambleas políticas. En una analogía estructural podría sostenerse que Hécate, diosa liminar de la oscuridad mágica, presidió el vampirismo antiguo como luego el Cristo invertido en Satanás lo haría en la teología política cristiana que informa al vampirismo medieval y moderno. Cuando en un portentoso hechizo de la Eneida, se invocan a las divinidades más tenebrosas, allí aparecen "Erebo, Caos, Hécate triforme (*Erebumque Chaosque, tergeminamque Hecaten*)" como las potencias invisibles más feroces (Virgilio, *Eneida*, IV, 510-511). Su majestad y preeminencia se verifican aún en la Modernidad temprana cuando aparece en *Macbeth* de William Shakespeare para advertir a sus brujas:

> *How did you dare*
> *To trade and traffic with Macbeth*
> *In riddles and affaires of death;*
> *And I, the mistress of your charms,*
> *The close contriver of all harms,*
> *Was never call'd to bear my part,*
> *Or show you the glory of our art?*

> (¿Cómo se han atrevido a entablar comercio con Macbeth
> Sobre enigmas y cuestiones de la muerte;
> Y yo, señora de sus hechizos,
> La secreta autora de todos los daños,
> Nunca he sido llamada para desempeñar mi papel,
> O mostrar la gloria de nuestro arte?).

(Shakespeare, *Macbeth*, III, V).

El carácter tripartito de Hécate que demarca su soberanía sobre el cielo, la tierra y el Averno constituye un postulado metafísico enunciado en lenguaje mitopoiético. Por ello el vampirismo es también una suerte de Mito con lineamientos metafísicos donde se muestra que la sangre y el rito son los que mantienen unidos los tres planos primogénitos de la vida y del Ser: cielo-mundo-ultratumba y cómo no existe separación entre lo sensible, lo inteligible y lo supranatural sino que las tres formas únicamente se declinan como expresiones de una misma realidad que se enlazan gracias al sacrificio. Llegados a ese punto, se puede concebir al vampirismo como uno de los operadores que muestran el reverso de la metafísica de la presencia a través de su precio en nocturnidad y sombra pero, sin cuya intervención, la Necesidad y la matriz misma del Universo desandarían su camino despojando a la realidad de su reverso oscuro pero co-perteneciente al Ser como mostración.

Por su parte, Aristófanes hace constar que la *empusa* posee poderes metamórficos y una "pierna de bronce (*skélos chalkoûn*)" (ARISTÓFANES, *Ranas*, 293). No debe sorprendernos, entonces, que en su *Nosferatu, eine Symphonie des Grauens*, el cineasta Friedrich Wilhelm Murnau bautice a la nave que trae al conde Orlok a Alemania con el nombre de *Empusa*. Justamente, a propósito de este filme, Siegfried Kracacuer ha podido escribir que Nosferatu, como una especie de Atila, adquiere su fuerza en su identificación con la pestilencia y esta figura vampírica toma forma, precisamente, en aquella zona inescrutable "donde los mitos y los cuentos de hadas se encuentran" (KRACAUER, 1947: 79).

— 5 —

La morfología histórica llevada adelante por la monumental obra de Carlo Ginzburg sobre el aquelarre es un hito en la investigación de finales del siglo XX que la historiografía jamás ha podido realmente asimilar ni mucho menos emular en sus métodos o consecuencias teóricas. Los elementos folclóricos que tratamos en nuestra pesquisa sobre el vampirismo y la licantropía se entrecruzan, indudablemente, con muchos aspectos de los *corpora* de Ginzburg sobre las brujas. Por cierto, debemos estar de acuerdo con su perspectiva de que gran parte de nuestro patrimonio cultural proviene de los cazadores siberianos, de los chamanes de Asia septentrional y central, de los nómadas de las estepas.

Su investigación histórica de las causas de estos fenómenos lo lleva a remontar milenios de historia y prehistoria humanas. En este punto, es fundamental subrayar un descubrimiento enorme: que las variaciones de la historia de *Homo* en su paso sucesivo por la caza, la ganadería y la agricultura no han modificado una estructura primordial. Esa estructura se remite a "la participación del mundo de los vivos, en el de los muertos, en la esfera de lo visible y de lo invisible (*alla sfera del visibile e a quella dell'invisibile*)". Esta configuración es entonces elevada a la altura de un "rasgo distintivo de la especie humana (*tratto distintivo della specie umana*)" y, por tanto, no se trata de un relato entre tantos sino de "la matriz de todos los relatos posibles (*matrice di tutti i racconti possibili*)" (GINZBURG, 1989: 289).

En nuestro caso, sin embargo, intentaremos llevar las cosas más lejos. Por un lado, debido a que estimamos que la búsqueda no debe limitarse al discurso que relata las relaciones entre los vivos y los muertos sino, más precisamente, a la para-ontología que ha tornado este hecho posible. Por otro lado, no es aconsejable limitarse, en los desarrollos temporales, a los períodos que comprenden a esa ilusión (en la que aun Ginzburg cree fervientemente) que es la denominada "especie humana" con su historia y su prehistoria. Debemos ir hasta los confines mismos de la vida sobre la Tierra y, tal vez, a los horizontes que superan incluso ese límite y custodian un secreto metafísico primordial bajo los ropajes del vampirismo o la licantropía.

— 6 —

Los filólogos más conspicuos admiten, con todo, que la necromancia de los antiguos griegos y romanos representa un eslabón insoslayable en la arqueología del vampirismo (OGDEN, 2001: XV) aun si no logran extraer las consecuencias filosófico-históricas que dicha constatación comporta. Por otra parte, la práctica de ultra-tumba se hallaba bien extendida pues "se creía que los espíritus de los muertos gozaban de un saber especial sobre el porvenir y que podían comunicarlo a los vivos" (CAIRO, 2021: 116). En este sentido, la Gran Madre de la tierra era la poseedora ancestral de los ciclos destinales que determinaban los avatares de los seres vivientes sobre su suelo.

Ya sea por predisposición de las almas, como señalaban pita-
góricos y platónicos o por su carácter ctónico, el contacto con las
profundidades de la Gran Madre provocaba un furor profético que
hacía de los muertos devueltos a la vida mediante los rituales de
la necromancia, los seres que podían hurgar en las profundidades
del devenir de la Historia. Los resurrectos cadáveres de los
necromantes son los secretos señores vampíricos que esconden el
saber de la historia de los vivos.

Ciertamente, en la Antigüedad todo acto de necromancia
implicaba el cavado de un pozo, las libaciones, las ofrendas de
granos y flores así como de sangre en la práctica conocida como
haimakouria que acompañaba al sacrificio animal y las oraciones
(OGDEN, 2001: 7). Incluso si la perspectiva ultra-histórica sitúa las
prácticas necrománticas como antecedentes de ritos ancestrales
en la conformación de la nomotecnología del ánthropos, desde
el punto de vista filológico, la *Nekuomanteia* (adivinación por los
muertos) como femenino singular abstracto se puede atestar,
en griego, a partir del siglo III a.C., aunque el neutro singular
nekuomanteion ya se encuentra en el siglo V a.C. (OGDEN, 2001: XX).

En su forma latinizada, *Necyomanteia*, se halla como el título
de un mimo de Laberio en el siglo I a.C. (AULO GELIO, *Noctes
Atticae*, XVI, 7, 12). En la misma centuria, Cicerón usa el plural
neutro griego *nekuomanteîa* para señalar los ritos de adivinación
por los muertos (CICERÓN, *Tusculanae Disputationes*, 1. 37) y
atribuye su práctica a Apio Claudio Pulcro, cónsul y censor que fue
compañero de Cicerón en el colegio de los augures (OGDEN, 2001:
XXXI).

En la *Farsalia* de Lucano se describe el ancestral ritual de la
necromancia en la forma más detallada que nos haya legado el
mundo romano. Justamente, puede constatarse en este caso cómo
Erictón, la más temible y poderosa bruja de Tesalia, "*si sanguine
uiuo est opus* (si su rito reclama sangre de los vivos)" (LUCANO,
Farsalia, VI, 554-555), esta no duda a la hora del sacrificio humano
de niños por nacer arrancados de los vientres de las madres.

Como tendremos ocasión de analizar más adelante, estos rituales arcaicos encierran una profunda enseñanza sobre el sentido de la Historia: los hombres sólo pueden hacer crónicas pero el hálito auténtico de la Historia es su proyección como profecía del tiempo por venir, y los señores del tiempo son los muertos y los resurrectos vampiros. Los amos de la noche y de la sangre conforman el grupo de los auténticos intérpretes de la historia humana que sólo puede comprenderse bajo la forma de un chamanismo que hurgue en el tiempo bajo los ropajes del vampirismo, cuyo poder proviene, una vez más, de la sangre de las víctimas propiciatorias.

Desde este punto de vista, la crónica es el punto cero de la Historia. Su auténtico alcance sólo se obtiene mediante la profecía y este es el territorio de los muertos que demandan sangre. He aquí el eslabón perdido de toda filosofía de la Historia que, si pierde el contacto con sus arcaicos orígenes, corre el albur de ser imputada de obsolescencia como hoy en día ocurre, en el ocaso de esta región ontológica y disciplinar del Tiempo, confinada por un positivismo perdido en una materialidad de la que no puede despegarse.

— 7 —

Mónica Cragnolini ha llevado adelante una brillante reflexión filosófica sobre la sangre y el sacrificio. Una violencia estructural que vive de la sangre del otro. Dice la filósofa:

> entiendo por "violencia estructural" la arquitectura de organización del mundo de la cultura (en contraposición al mundo no humano, a veces llamado "naturaleza"); organización que no es violenta por exceso, sin porque "necesita" ser violenta para poder estructurarse y ordenar las distintas formas de vida en una escala jerárquica. (CRAGNOLINI, 2021: 4-5).

De allí la existencia de un "hemato-homocentrismo" (ya anunciado en la obra de Jacques Derrida) en la que el sacrificio de la sangre y de la carne, tanto humana como animal, funda la cultura. En efecto, deconstruyendo a Freud, el filósofo francés contempla la hipótesis de una culpa ancestral según la cual "el tabú de la sangre da cuenta de un deseo de sangre y de asesinato originario e indestructible" (DERRIDA, 2015: 295).

Si bien Freud y Derrida tocan un punto certero, la indagación es detenida donde debiera comenzar, pues el asesinato originario no hace sino remitir a la sangre pero esta última es el patrimonio no del Padre sino del Vampiro. Este último actúa como archi-huella de acceso no tanto al mundo sino a las condiciones trascendentales que hacen posible la existencia de la serie lógico-ontológica del cielo-mundo-ultratumba como matriz del Ser según unos lineamientos que requieren una profundización aun mayor, pues en este anudamiento se juega nada más y nada menos que el origen de la vida-muerte sobre el orbe terrestre.

— 8 —

La obra del teólogo y catalogador de códices griegos de la Biblioteca Vaticana, León Alacio (1586-1669), de proveniencia griega ortodoxa pero luego convertido al catolicismo romano, constituye uno de los testimonios más preciosos que tenemos del pasaje de la tradición griega y medieval hacia la Modernidad en materia de vampirismo, pues sus textos recogen datos tanto del folclore como de la tradición erudita. En este sentido, Alacio defiende plenamente la existencia del vampirismo para el cual posee una oportuna explicación teológica.

Con la anuencia del poder de Dios que, de alguna manera, anticipa el castigo divino en el Juicio Final, el fenómeno vampírico es una suerte de vivencia anticipada del castigo eterno. En ese sentido, si los ángeles testimonian por Dios, los vampiros dan crédito de la existencia del Diablo y de los suplicios del Infierno. Son los mensajeros del Día final que caminan sobre una tierra suplicante. De hecho, el monje cuenta cómo se encontró, durante su juventud en Chíos, mientras estaba bajo la tutela de su maestro y tío materno Miguel Neurides, la tumba de un vampiro en la Iglesia de San Antonio. En efecto, como señala Alacio:

> El Diablo (*Daemon*) es perfectamente capaz de hacer un cuerpo a partir de cualquier materia (*corpus ex materia*) y con cualquier apariencia (*similitudinem*) que desee (…) El Diablo puede con apenas un menor esfuerzo robar un cuerpo muerto (*corpus demortui arripere*), entrar en él, moverse en él como si fuese propio y hacer con él todo lo que un cuerpo puede hacer – estar vivo, aunque no puede hacer las cosas que llamamos vitales (*vitalia*). ¿Quién podría, entonces, ser tan obtuso como para negar que el Diablo, quien es capaz además de transformarse en el Ángel de la Luz (*Angelum lucis*), tiene el poder de recuperar el cuerpo hinchado (*tumens*) y fétido (*foetidus*) de un Bulcolacas (*Bulcolacae*) de un cementerio y deambular con él, anunciando desastres y causando sufrimiento a la Humanidad? (ALACIO, 1645: 145-146).

Como puede apreciarse, una sofisticada teología política informa la tratadística de Alacio que hace del vampirismo no sólo el inverso negativo de Dios sino que discute las posibilidades de ambos contendientes, Dios y el Diablo, en la gigantomaquia en torno al problema mismo de la vida y de la muerte que es, en definitiva, lo que Alacio reconoce como el núcleo duro que afecta al fenómeno vampírico.

Esta característica es asimismo reconocida en el posterior tratado de Pohl y Hertel que designa, precisamente, bajo el nombre de "*Vrovcolacas*" a los "hombres difuntos (*homines defunctos*)" que liban la sangre de los humanos vivos (POHL – HERTEL, 1732: § XI). En este sentido, resulta igualmente sugestiva la hipótesis lingüística avanzada por Montague Summers quien, apoyándose en el *Etymologisches Wörterbuch der Slavischen Sprachen* de Franz Miklosich, ha sostenido un camino que debe ser sopesado con seriedad, a saber, que con la excepción del serbio, en todas las lenguas eslavas de las cuales el término griego *vrykólakas* deriva, posee la significación a la vez de vampiro y hombre-lobo,

mostrando la profunda copertenencia de ambos fenómenos según
la creencia eslava de que "un hombre que durante su vida ha sido
un hombre-lobo, necesariamente se transforma en un vampiro
después de su muerte" (Summers, 1933: 20-21).

Agustín Calmet (1672-1757), en una línea similar, califica a
este tipo de fenómenos como de "fanatismo epidémico (*fantisme
épidémique*)", aunque no se priva de las siguientes afirmaciones:

> Estas personas retornan en sus propios cuerpos; se los ve, se los
> conoce, se los exhuma, se les hace su proceso; se los empala, se
> les corta la cabeza, se los quema. No es, por tanto, solamente
> posible sino también muy cierto y muy real (*très-vrai & très-réel*)
> que aparecen con sus propios cuerpos (…) El Demonio tiene
> el poder de dar la vida a algunos cuerpos y conservarlos de la
> corrupción durante cierto tiempo, de los cuales se sirve para
> engañar a los hombres con ilusiones y causarles pavor (*frayeur*)
> como ocurre con los revinientes de Hungría. (Calmet, 1746: 16 y
> 140).

De esta forma, los seres vivientes no tienen que esperar
al Día del Juicio para experimentar, ya en el siglo presente,
las desventuras y tormentos del Infierno. En cierto modo, el
vampirismo constituye el reservorio de las oscuras presencias
del Averno entre los hombres para recordarles que el tiempo
escatológico, si bien puede ser inescrutable en cuanto a su arribo,
no deja de enviar señales anticipatorias del gran Apocalipsis y la
posthistoria de aquella parte de la Humanidad que podría recibir la
punición eterna.

— 9 —

No hay duda que la literatura gótica constituyó el afianzamiento
moderno de la figura del vampiro. Sin embargo, no debe pensarse,
como podría ser una tentación, que se trata meramente de una
estetización y deformación de antiquísimos rituales. Al contrario,
debemos tomar a la literatura moderna como una creadora

co-partícipe de la *mitopoiesis* vampírica, vale decir, la extensión moderna y contemporánea de una mitología milenaria que contribuye a solventar. En ese sentido, la ultra-historia literaria de los vampiros modernos debe ser abordada, al menos, desde el Romanticismo alemán (IBARLUCÍA – CASTELLÓ-JOUBERT, 2007: 16-17). En un período temprano, Lord Byron podrá enunciar en *The Giaour* (1813) aquellos versos inmemoriales que constituyen un hito de la tradición:

> But first, on earth as Vampire sent,
> Thy corse shall from its tomb be rent:
> Then ghastly haunt thy native place,
> And suck the blood of all thy race.

> (Pero antes, enviado a la tierra como Vampiro,
> Tu cadáver de su sepulcro será arrancado:
> Entonces, atormentará horrorosamente tu lugar natal,
> Y chupará la sangre de toda tu raza).

> (BYRON, *The Giaour*, 755-758).

Puede detectarse aquí, probablemente, un conocimiento por parte de Byron del tratado de Dom Calmet, entre otras fuentes posibles que no descartan a *René*, la novela de Chateaubriand publicada en 1802 (IBARLUCÍA – CASTELLÓ-JOUBERT, 2007: 21). Así habrá de configurarse, progresivamente, la figura del vampiro moderno con su personalidad de la época de la decadencia europea: "un individuo que no sentía simpatía por ningún ser en la populosa tierra, excepto por aquella a quien se dirigía" (POLIDORI, *El Vampiro* (1819), en: IBARLUCÍA – CASTELLÓ-JOUBERT, 2007: 56). Las definiciones canónicas, a su vez, no tardarán en llegar:

> Los signos del vampirismo son: la conservación de un cadáver después del tiempo en lo que los otros cuerpos entran en putrefacción, la fluidez de la sangre, la flexibilidad de los miembros, etc. Se dice también que los vampiros tienen los ojos abiertos en las fosas, que las uñas y el pelo les crecen como a

los vivos. Algunos se reconocen por el ruido que hacen en sus tumbas cuando mastican todo cuanto los rodea, a veces hasta su propia carne. (Prosper MÉRIMÉE, *Sobre el vampirismo* (1827), en: IBARLUCÍA – CASTELLÓ-JOUBERT, 2007: 143).

Estas propiedades pueden obrar, justamente, porque "jamás Satanás ocultó mejor sus garras y sus cuernos" (Théophile GAUTIER, *Los amores de una muerta* (1836), en: IBARLUCÍA – CASTELLÓ-JOUBERT, 2007: 182). Las mujeres, por su parte, no estarán exentas de conformar las filas del vampirismo más exótico:

> En esas regiones lejanas que tiene ya los esplendores de Oriente, pero donde reinan esas misteriosas plagas, relegadas por ustedes al rango de fábulas, cada cual sabe bien que todo vampiro, cualquiera sea su sexo, tiene un don particular de hacer el mal, que ejerce bajo una condición, ley rigurosa cuya infracción cuesta al monstruo abominables torturas. El de Adema, así se llamaba la búlgara, era el de renacer bella y joven como el amor cada vez que podía aplicar sobre la espantosa desnudez de su cráneo una cabellera viviente: entiendo por esto una cabellera arrancada a la cabeza de una persona viva. Y por eso su tumba estaba llena de cráneos de doncellas y jóvenes mujeres (…) *In vita mors, in morte vita*, la muerte en la vida, la vida en la muerte. (Paul FÉVAL, *La vampira* (1865), en: IBARLUCÍA – CASTELLÓ-JOUBERT, 2007: 307-308).

Se definen aquí los rasgos de la metafísica de la muerte propia del vampirismo antiguo tamizado por la teología cristiana y que se enuncia en el *motto* latino que pone en abismo al par conceptual vida-muerte que se corporiza en el vampiro para hacer de él una (aparente) paradoja lógico-ontológica viviente. En este aspecto, el vampiro es el representante más conspicuo de un paradigma milenario olvidado que encierra uno de los misterios estructurales del sistema de la vida que, hasta ahora, ha pasado completamente inadvertido para el escudriño filosófico.

Pocas veces las sensaciones que provoca la presencia del vampiro han sido señaladas con mayor acuidad que en el siguiente fragmento:

Entonces vino el miedo, el atroz pánico que no tiene nombre, el horror mortal que custodia los confines del mundo que no vemos ni conocemos como conocemos otras cosas, pero que sentimos cuando su gélido escalofrío congela nuestros huesos y revuelve nuestros cabellos con el toque de su fantasmal mano. (Francis Marion CRAWFORD, *Porque la sangre es la vida* (1905), en: IBARLUCÍA – CASTELLÓ-JOUBERT, 2007: 551).

La *psyché* es, en definitiva, junto con la sangre, el dominio del vampirismo de la mitología literaria moderna, mediada por una blasfemia amatoria. Pues antes que la toma de la sangre sacrificial en el ritual del sado-masoquismo amoroso de la muerte, resulta determinante la conquista de la *psyché* de la víctima seducida quien cede sus propios confines psíquicos para entrar en una suerte de universo Otro y extraño completamente a su mundo consciente. La víctima del vampiro logra hacer la experiencia del mundo fantasmal; entra paulatinamente en él para quedar cautiva del mismo. La experiencia-fantasma es equivalente a la conquista de una *pysché* que ahora es llevada hacia un plano superior de (in)conciencia. Al mismo tiempo, al no conocer la víctima las leyes que arbitran ese dominio, se transforma en un lugar donde tiene lugar la conquista de su Sí mismo, de su yo individual que progresivamente entra en un proceso de disolución irreversible para confundirse en una *psyché* común entre la víctima y el vampiro.

No cabe duda de que el más eximio catalizador de toda la tradición vampírica anterior fue la obra maestra de Bram Stoker que plasmó en la memoria de la Humanidad al máximo Vampiro de la historia:

Había un sepulcro más grande y señorial (*lordly*) que los demás; aunque enorme estaba noblemente proporcionado. En él no había sino una palabra: DRÁCULA. Así que esa era la morada donde reposaba como no-muerto (*Un-Dead*) el rey de los vampiros (*King-Vampire*), a quien tantos otros se debían. (Bram STOKER, 1992 (1897[a]): 374).

La filosofía de lo no-vivo alcanza aquí un punto culminante que concierne, desde luego, a la ontología analéptica que buscamos desarrollar en este libro. El No-muerto, la más metafísica y a la vez económica de las definiciones de un vampiro resulta ser, en el caso de Drácula, una suerte de Ur-Padre en una Horda de vampiros inmemoriales. Alfa y omega de un linaje satánico, su nombre condensa todo cuanto la Humanidad del Nuevo Mundo del Capital, alienada de su acceso a la dimensión de lo inmaterial, no podía sino vivir bajo la forma de una pesadilla que retorna en la realidad mediante la figura de un Rey ávido de sangre sacrificial y señor de la noche más oscura.

Probablemente, el tono metafísico último del vampirismo literario moderno fue enunciado en nuestra tierra por la prosa de Horacio Quiroga: "para los seres que viven en la frontera del más allá racional, la voluntad es el único sésamo que puede abrirles las puertas de lo eternamente prohibido" (Horacio Quiroga, *El vampiro* (1927), en: Ibarlucía – Castelló-Jourbert, 2007: 595). De hecho, resulta de la máxima relevancia el hecho de que la propiedad de la agencia que posee el sujeto en el mundo sea, desde un punto de vista biológico, normalmente asignada a los seres vivientes. El caso vampírico, en contraste, muestra que un no-vivo puede ser agente voluntario de acciones sobre el mundo de los vivos y, en cierto sentido, el paradigma de toda acción que pasa de la negatividad a la positividad de su ejercicio.

Por esta razón, lejos siempre de los convencionalismos, es el mérito de H.P. Lovecraft, quien seguramente no habrá dejado de tener en mente a la *Berenice* de Edgar Allan Poe, el haber celebrado lo que podríamos llamar el credo anárquico y nihilista del vampiro eternamente condenado:

Ahora cabalgo con las burlonas y amigables gulas en el viento de la noche, y de día juego entre las catacumbas de Nephren-Ka, en el sellado y desconocido valle de Hadoth, junto al Nilo. Sé que la luz no es para mí, excepto la de la luna sobre las rocosas tumbas de Neb, y que tampoco hay para mí alegría alguna, excepto los innominables festejos de Nitokris bajo la Gran Pirámide, pero en mi nuevo salvajismo y libertad casi agradezco la amargura de ser un anormal. (H.P. LOVECRAFT, *El intruso* (1921), en: IBARLUCÍA – CASTELLÓ-JOUBERT, 2007: 582-583).

No podría haberse escrito, con mayor maestría, lo que constituye la analítica existenciaria y, por ende, política del vampirismo. De esta forma, el Vampiro es la figura ontológica que representa, con mayor exactitud, al viviente humano de nuestro tiempo. El espejo invertido del muerto-vivo no debe confundirnos respecto de las simetrías invertidas puesto que la analogía opera justamente aquí mediante esas equivalencias alternas.

Así el Vampiro es el depositario del auténtico "estado de yecto" del viviente y el "ser-para-la-muerte" define su rasgo existenciario fundamental a partir del cual enlaza al tiempo con el Ser en una perspectiva que sólo para los vivientes, en su estado de vivos, puede parecer disociado. Por ello, en el Vampiro y en el viviente, como opuestos complementarios, colisionan el *status corruptionis* y el *status integritatis* hasta el punto en el que se devela que ambos se co-pertenecen desde los orígenes de la vida y se proyectan, en el novísimo despunte epocal que atravesamos, hacia una inédita forma de subversión de toda su existencia milenaria en el Ser.

En un ensayo de enorme interés, Friedrich Kittler ha analizado a Drácula a través de una suerte de *Mediengeschichte* y, por tanto, como el resultado del triunfo de los *media* tecnológicos por sobre el oscurantismo sanguinario de la vieja Europa (KITTLER, 1993). Por un lado, el diagnóstico toca un punto central: las tecnologías, en cierta forma, han acorralado al vampirismo. Por otro, el limitado alcance del análisis de Kittler, concentrado sobre la figura de Drácula, le impide observar que la sombra metafísica del vampirismo se extiende mucho más allá de la condición histórica de los seres hablantes o de la historia europea para ser el emblema mismo de la condición de toda la vida sobre la Tierra.

Desde este punto de vista, el vampirismo no es un fenómeno histórico acotado al gótico y sus temores tecnológicos sino, al contrario, constituye la vía de acceso al umbral metafísico originario de todas las formas de vida en Gaia y, en ese punto, sigue siendo un determinante que, por caminos que habremos de explorar seguidamente, nos sigue determinando a todos los seres vivientes en nuestra estructura genómico-metafísica. Al contrario, lo que resulta combatido abiertamente en nuestra época no es tanto el vampirismo *per se* sino su influencia en la condición del *Homo sapiens* en cuanto tal.

Salvo que, según la tesis de este libro, el humano nunca ha existido y, por consiguiente, podemos decir que todo ser viviente, especialmente los seres hablantes, bajo una forma de analogía metafísica que habremos de precisar, son vampiros con una estructura lupina. Lo que Kittler no puede captar, entonces, es que todo combate contra el vampirismo es una guerra interna de los seres hablantes contra sí mismos y su historia metafísica que no puede sino concluir en resultados imprevisibles los cuales, como veremos, no excluyen la catástrofe.

— 10 —

Resulta sugestivo el hecho de que, en los estudios sobre el sacrificio, la mitopoiesis del sacrificio vampírico haya sido completamente dejada de lado. De hecho, Joseph de Maistre, en su pionero y en muchos aspectos imprescindible tratado de 1810 sobre el sacrificio, no deja de señalar la problemática decisiva de la sangre desde Egipto a la India, desde Grecia hasta el continente americano:

> La vitalidad de la sangre, o más bien la identidad de la sangre
> y de la vida era un hecho del cual la Antigüedad no tenía duda
> alguna y que ha sido renovado en nuestros días, es asimismo una
> opinión tan antigua como el mundo, que el cielo irritado contra
> la carne y la sangre no podía ser apaciguado sino por la sangre
> y no existe pueblo que haya dudado que en la efusión de sangre

hay una virtud expiatoria. Ahora bien, ni la razón ni la locura han podido inventar esta idea y, menos aun, haberla hecho adoptar de manera generalizada. La idea echa sus raíces en las profundidades de la naturaleza humana. (De Maistre, 2007: 812).

El mérito consiste aquí en señalar la importancia de la sangre como ningún otro estudioso sobre la temática sacrificial ha osado hacerlo, pues abandona, con toda determinación, la teoría según la cual el sacrificio sería una "ofrenda" a los dioses. Ahora bien, De Maistre asocia inevitablemente al sacrificio con la culpa primordial de la Caída asumiendo una visión cristiana que oscurece su intuición primordial de que sólo en las profundidades de la naturaleza humana es posible encontrar las raíces del fenómeno. La idea podría haber sido fecunda si los caminos no los hubiera cerrado el propio De Maistre al postular que esas profundidades se identifican con la *natura lapsa* de la teología política cristiana del pecado adánico.

De allí, no obstante, la sugerente explicación que brinda De Maistre sobre el instituto jurídico del *homo sacer* (ya ampliamente conocido en su tiempo) al que se puede sacrificar precisamente porque está consagrado por su culpa y la ejecución constituye, al contrario, el medio de su des-consagración (De Maistre, 2007: 816). En este sentido, el *homo sacer* demuestra la teoría de De Maistre según la cual la fuente última de toda autoridad jurídico-política radica en el sacrificio. Con todo, la expiación de la culpa por la sangre alcanza su ápice con el cristianismo:

El hombre culpable no podía ser absuelto sino por la sangre de las víctimas: esta sangre era entonces el lazo de la reconciliación, el error de los antiguos fue imaginar que los dioses acudirían a donde quiera fuese que la sangre corriera sobre los altares (…) los antiguos veían todavía algo de misterioso en la comunión del cuerpo y de la sangre de las víctimas. (De Maistre, 2007: 837-838).

En efecto, admitida la comunidad de la sangre, sólo el sacrificio del Cristo inocente puede garantizar la "salvación por la sangre" de la culpa originaria (DE MAISTRE, 2007: 839). Ahora bien, precisamente el *locus* más propicio donde la sangre se transforma en el centro del sacrificio como misterio de la vida es en el vampirismo, cuyas fuentes De Maistre no toma en consideración pues constituye, como veremos, la sombra más peligrosa que existe para la legitimación de la teología política cristiana del sacrificio de la sangre mesiánica.

En este punto, la teoría de Mauss y Hubert sobre el sacrificio, aunque monumentalmente erudita, representa un retroceso teórico respecto de la interpretación del fenómeno que es definido como capaz de "establecer una comunicación entre el mundo sacro y el mundo profano por la intermediación de una víctima, es decir, de una cosa destruida a lo largo de la ceremonia" (MAUSS – HUBERT, 2004: 302). La necesidad de la intermediación se justifica en el hecho de que "las fuerzas religiosas son el principio mismo de las fuerzas vitales" y por esta razón, el oficiante necesita un sustituto sacrificial para no encontrar él mismo la muerte en un rito donde busca renovar la vida en relación con los dioses (MAUSS – HUBERT, 2004: 303).

Esta concepción, heredada entre otros del maestro de Marcel Mauss, el hinduista Sylvain Lévi, revestía, en este último, matices superiores en la concepción, pues en el caso védico "siendo el lugar en el cual converge el universo, el sacrificio pone en contacto la tierra y el cielo" (LÉVI, 2009: 107). Como los dioses y demonios mismos son creados por el sacrificio, entonces, la ley del sacrificio consiste en imitar a los dioses: "siendo el sacrificio una obra divina cuyo fin es la transformación del hombre en dios (...) imitar a los dioses significa al mismo tiempo salir de la condición humana" (LÉVI, 2009: 110).

Este es un matiz del estudio de Lévi que, en efecto, ha sido oportunamente captado y subrayado por Mauss en todas sus consecuencias: "el sacrificio no es solamente autor de los dioses, es dios y es el dios por excelencia. Es el maestro, el dios indeterminado, el infinito, el espíritu del cual todo viene, muriendo y naciendo sin cesar" (MAUSS – HUBERT, 2004: 353).

En este punto, es necesario rescatar que precisamente la superación de la condición humana se juega en la sangre del sacrificio vampírico donde los participantes se vuelven también inmortales, aunque dobles demoníacos de los poderes divinos. Todo lo humano, en efecto, se puede definir como un ex-tasis de una condición postulada pero nunca asumida y por siempre perdida. Nuevamente, el hito del sacrificio vampírico desafía las lecciones más conspicuas sobre el sacrificio porque su sangre se derrama por medio de una conquista trágica del reino de la muerte. No existe, en el sacrificio vampírico, la tranquilidad de la imitación de los dioses sino la entrada en un Averno que hace posible yacer eternamente más allá de la vida y de la muerte.

El vampiro no comunica la esfera sacra con la profana sino que, al contrario, profana el dominio sacral para traspasar la vida-muerte hacia la eternidad y establecer una perenne discontinuidad entre el mundo de los seres vivientes y la esfera de los dioses. La prestación más específica del sacrificio de la sangre vampírica separa para siempre el lazo con lo divino celeste para consagrar la atadura con las fuerzas ctónicas asegurando que no exista, jamás otra vez, concordancia entre los dioses y los mortales.

Un heredero más directo de lo que suele creerse del pensamiento de De Maistre, el intrépido Georges Bataille, lleva la razón cuando intuye que el dios del sacrificio termina siendo el deudor de un crimen destructor. Sin embargo, yerra en lo esencial al desviar el sentido del sacrificio hacia una esfera donde prima la no productividad: "el sacrificio es la antítesis de la producción, hecha con vistas al futuro; es el consumo que no tiene interés más que por el instante mismo (…) es don y abandono (…); en el sacrificio, la ofrenda se hurta a toda utilidad" (BATAILLE, 1974: 66-7).

En la sangre del sacrificio vampírico, en cambio, no hay ofrenda sino depredación y absorción que no busca lo inútil o improductivo sino que, al contrario, tiene una meta cuasi-destinal trazada desde tiempos inmemoriales: ser el *alienus* de la vida que, al mismo tiempo, la hace transcendentalmente posible. En ese punto, la sangre y la muerte son el testimonio de la fagocitación

primordial de la vida que se consume para perpetuarse (o
extinguirse) en el decurso de los milenios.

Desde una perspectiva que resulta de interés para nuestra
pesquisa, Eduardo Viveiros de Castro recuerda, por ejemplo, que
en la cosmología de los Araweté existe lo que podría denominarse
un canibalismo póstumo en el cual las divinidades celestes (*Maï*)
devoran las almas de los muertos llegados al cielo como preludio
a su transformación en entidades inmortales en todo semejantes
a sus devoradores: "ese canibalismo místico-funerario araweté
es una transformación, tanto histórica como estructural, del
canibalismo bélico de los Tupinambá de la costa brasileña" (VIVEIROS
DE CASTRO, 2011: 460).

En este caso, adquiere una enorme importancia el aspecto
póstumo-funerario del sacrificio, puesto que es una característica
que también hallamos en el vampirismo sacrificial pero, a diferencia
de las etnias brasileñas, el aspecto místico-mortuorio tiene lugar
no en el mundo de los cielos sino en esta misma Tierra, pues la
muerte (o, tal vez, siendo más precisos el Otro-no-vivo), según
uno de los axiomas esenciales que tanto el vampirismo como la
licantropía enseñan, es la condición de posibilidad de aquello que
hemos dado en llamar vida y sin la cual esta última no podría tener
lugar.

— 11 —

Resulta posible formalizar una axiomática del Ultra-ser que se
desprende de los desarrollos del vampirismo como fenómeno
filosófico y cuyas propiedades querríamos enunciar bajo el nombre
de una *ontología analéptica*, entendiendo por tal la posibilidad de
interrupción del tiempo histórico de la metafísica de la presencia
que el vampirismo pone en acto en cada instante de su *Nachleben*
(supervivencia) perpetuo desde el alba de la vida hasta nuestro
hábitat contemporáneo en la era del titanismo telemático.

El primer axioma establece que el Vampiro en tanto que figura
de la No-Vida, de la In-vida del muerto no-muerto, del muerto

resurrecto, es la condición trascendental de posibilidad de la vida que, para superar esta tensión no-dialéctica necesita de un suplemento o de un elemento supernumerario. Se trata, entonces, de la existencia de un plus-de-vida que se condensa en la forma de una tracción de lo inmaterial como motor vital que arrastra la in-vida hacia su metamorfosis en vida viviente que es llevada por un cebo analéptico que interrumpe el curso del flujo de la vida precisamente para, en su detención, lanzarla nuevamente al fluir que le permite su evolución perpetua.

Un corolario se deduce: no existe ninguna vida que se sustente a sí misma en la inmanencia de su propio devenir material. La vida y la muerte son una emanación de una instancia anterior que las antecede y resultan guiadas en su decurso por una figuración analéptica que, sin ser trascendente, no se confunde con el flujo inmanente de la vida sino en la medida en que lo interrumpe para, sólo en una aparente paradoja, motorizarlo.

El segundo axioma implica que, viceversa, la Vida aspira al *Nihil* vampírico desde el origen mismo de su emergencia en el plano del Ser. En ese sentido, el cebo analéptico que arrastra a la vida hacia su evolución es una suerte de archi-figmentum, un cebo imaginal. La imagen no es aquí otra cosa que la potencia inmaterial que hace que la vida material se torne plenamente realizable. El corolario correspondiente señala que la vida es, consecuentemente, el negativo puro y que, únicamente haciendo suya la nulidad eminente, la vida puede progresar más allá de todas las inexistentes relaciones que se dan a lo largo de su tejido pero al precio de que jamás podrá tener sentido su propio devenir, el cual sólo puede ser seguido pero no apropiado pues carece de meta y de final. En este punto, toda vida no es más que el homenaje perpetuo del Cosmos a la Muerte; salvo que ambas convergen en la inmanencia absoluta de un *Nihil* que las precede y es expresión de una horadación suprema en el fundamento del Ser. Como veremos enseguida, con este corolario no hemos hecho otra cosa que definir al Amor en sus términos esotéricos y uránicos.

Se ha observado con gran perspicacia que, efectivamente, hay rasgos de la Modernidad que solo han podido ser vislumbrados por la captación única de la que hacía gala Charles Baudelaire (Calasso, 2021). Al mismo tiempo, no resulta menos verdadero que la singularidad de Baudelaire se constituye respecto de una *longue durée* de fórmulas textuales y tropos poético-metafísicos que lo preceden. El caso del vampirismo en Baudelaire, que asocia al Eros con la muerte, es una demostración palmaria de este hecho.

En efecto, como lo ha mostrado el máximo exponente del *dolce stil nuovo*, el secreto del Amor está en su co-pertenencia respecto de la Muerte. Al mismo tiempo, la Muerte es otra forma del sueño. Como ha sido subrayado en un notable libro sobre la tradición medieval de onirociencia, Hipnos y Tánatos no pueden separarse pues "los sueños y la muerte se parecen; los ríos que separan esos cauces vulneran sus fronteras (…) durante el sueño hay otra política del deseo, del crimen y de la resurrección" (Bollini, 2020: 220).

Así el *dictum* del enamorado se enuncia:

Credo sol perché vede
ch'io domando mercede
a Morte, ch'a ciascun dolor m'adita

(Creo solamente porque ve
que clamo merced a la Muerte,
que en mí a todo tormento da cabida).

che va parlando di crudele amanza
(…) m'affanna là ond'i' prendo ogni valore.

(que va hablando de esa Dama cruel,
(…) me procura debilidad allí donde extraigo todo coraje).

(Cavalcanti, 2011: xxxii).

La crueldad de la Dama conduce indefectiblemente a la naturaleza profunda del Amor que está llamado a disolverse en la Muerte como realización última de la desubjetivación del amante y la evanescencia de la imagen amada en el intelecto agente, según la tradición averroísta a la que pertenece Cavalcanti y que contiene la erotología más elaborada de todo el Renacimiento italiano.

En continuidad con esta genealogía se inscribe la fría crueldad de la vampiro que acosa al poeta baudeleriano:

Toi qui, comme un coup de couteau,
Dans mon coeur plaintif es entrée;
Toi qui, forte comme un troupeau
De démons, vins, folle et parée.

(Tú que, como una cuchillada,
En mi corazón quejumbroso te has metido;
Tú, que fuerte como un tropel
De demonios, llegas, loca y adornada).

(BAUDELAIRE, 1991: 82)

La demonología medieval y renacentista retorna en Baudelaire como una vampiresa que invade al amante melancólico bajo las formas sobrenaturales de los seres suprahumanos. El motivo, no obstante, no debe conducir a engaño y hacer pensar únicamente en un joven que resulta víctima del *spleen* y es atacado por una vampiresa. Debe detectarse aquí el influjo tardío del Marqués de Sade, pues la vampiresa no es sino un Ama y, en este contexto, como ha sido demostrado "una criatura infame es un rasgo de sadismo" (PRAZ, 1998: 150).

Adentrándose en los caminos abiertos por Nodier, Gautier o Mérimée, en la poesía de Baudelaire la voluptuosidad se realiza en el mal, el crimen y, finalmente, la sangre. Por esta razón, al final del poema, son precisamente los besos los que resucitan al cadáver vampírico. De esta manera, la figura de la vampiresa es la condensación más elaborada de todas esas formas precedentes que permiten la transición a la Modernidad en la materia del Amor. La nueva sensibilidad se enuncia así: solamente en el sacrificio de la sangre ante el Amor devenido Amo de extrema crueldad se puede expiar el peso de una vida que se ha tornado insoportable en las urbes pestilentes.

El Vampiro es el heraldo de los nuevos tiempos que aún habitamos: no es ya el cuerpo ni la imagen de la Dama los que están llamados a perecer; ahora es el Amor mismo, como configuración metafísica, el que ha tocado a su fin y se ha adherido a los destinos inciertos del nihilismo planetario. Por ello, en el tiempo de la biotécnica expandida por la hiper-ciencia, el vampirismo es la forma suprema del Eros inalcanzable salvo al precio del propio sacrificio en los altares de la sangre y en la sumisión a los Amos acérrimos que determinan el futuro de los seres vivientes en Gaia. El retorno de lo arcaico, en este caso, no hace más que poner al descubierto, sin ornamentos, lo que siempre ha estado en el fundamento de la vida y que ahora con el agotamiento de la metafísica simplemente queda al desnudo, no ciertamente para detenerse, sino al contrario, para abrir su camino hacia un futuro sin impedimentos.

LICANTROPÍA

$$- 1 -$$

Los *Luperci*, cofradía de seguidores de un dios arcaico y salvaje, solían tomar posesión, según una topografía muy precisa (KIRSOPP, 1953: 35-59) de las inmediaciones del antiguo Palatino romano el 15 de febrero, fecha que por la ligazón con las *Feralia* del 21 de febrero se ponía en cuestión el comercio entre los vivos y los muertos en el epicentro de la ciudad. La etimología de los *lupercos*, aunque contiene la referencia al lobo, no deja de ser oscura, pero si seguimos a Émile Benveniste, se trataría de un derivado expresivo de estructura indoeuropea del tipo de *nouer-ca*, comparable al griego *nearós* (BENVENISTE, 1973: 29). En cuanto al dios que presidía estas ceremonias puede ser identificado con una amalgama de atributos pertenecientes a Inuus, Faunus, Silvanus, Incubo y Ephialtes, todos ellos bajo la égida simbólica de la figura del dios Pan Lycaeus (WISEMAN, 1991: 6). Los *Luperci* formaban dos equipos, uno por Rómulo y otro por Remo, vale decir, los *Luperci Quinctiales* y los *Luperci Fabiani* dirigidos por un único *magister*. Es posible sostener, como se ha hecho, que la interpretación de este arcaico ritual consiste en "traducir en términos de historia una estructura conceptual: en el día de las *Lupercalia*, la *humanitas* y las *leges* de la ciudad se disuelven frente a lo *siluestre* y lo *agreste*" (DUMÉZIL, 1974: 353).

Ampliando esta vía hermenéutica, entonces, el sentido de las *Lupercalia* implica, nada más y nada menos, que una suerte de recapitulación o re-escenificación del pacto que permanentemente conduce del *nómos* a la *physis* y viceversa. Nunca del todo asegurado, el pasaje de la naturaleza a la ley sólo es posible suturarlo mediante el acto ritual que permite abandonar la ley para entrar en la indecible esfera del lobo y de las potencias terrestres para luego volver al mundo ordenado de las leyes y costumbres de la ciudad. El rito guarda la memoria de ese pasaje como trauma y lo escenifica como fiesta para no olvidar su precaria sustancia. De esta forma, el lobo es la sombra que garantiza, en última instancia, la fuerza-de-ley de todo *regnum* político. Olvidar este remoto origen equivale a condenar al *nómos* de la ciudad humana a una errancia sin fin en torno a un vacío que no hace sino consumir toda ley en una disolución nihilista, desprovista de todo núcleo que la vuelva a su profundo enraizamiento con las potencias suprahumanas que le dieron fuente de legalidad.

Un abordaje de la licantropía implica dar cuenta de su festejo por excelencia, vale decir las *Lupercalias* antiguas. El testimonio de Plutarco resulta, a la hora de la comprensión de las fiestas *Lupercalias*, de máxima relevancia. Ciertamente, el filósofo hace derivar el nombre del griego *lykaia*, en alusión a la ceremonia de los lobos que se remontaría al tiempo mítico de la Arcadia. La hipótesis es compartida, por otra parte, por Ovidio, quien nos recuerda que los arcadios ocupaban el mundo antes del nacimiento de Júpiter y, dado su carácter antiquísimo, se trataba de "una estirpe anterior a la luna (*luna gens prior illa fuit*)" (Ovidio, *Fastos*, 290).

Lo que desde el punto de vista del mito se ha elucubrado como un origen remoto, la erudita obra de Andreas Älfoldi lo ha postulado en una minuciosa investigación sobre la existencia del *Männerbund* como antecedente de la ciudad romana en sus orígenes pre-estruscos y en relación con la mitografía de los gemelos (Älfoldi, 1974: 107-180). Ciertamente, este aspecto resulta para nuestra indagación de la máxima importancia, pues Plutarco liga el nombre de la festividad al hecho de que los

Lupercos comienzan sus carreras allí mismo donde Rómulo fue expuesto (*ektethênai*) (PLUTARCO, *Romulus*, 21, 3-4).

En el relato de Plutarco, las *Lupercalia* comienzan con el sacrificio de un cierto número de cabras. Acto seguido, a dos jóvenes de noble ascendencia se les propicia el siguiente tratamiento: primero se les mancha la frente con un cuchillo ensangrentado (*heimagménei machaírai*) que se limpia inmediatamente con una lana embebida en leche y, acto seguido, los jóvenes deben echarse a reír (PLUTARCO, *Romulus*, 21, 4). Luego, cortadas las pieles de las cabras como correas, comienza la carrera (*lustratio*) por la *Sacra Via* durante la cual, desnudos, golpean a cuantos encuentran, especialmente las muchachas para otorgarles con ello una fertilidad asegurada (PLUTARCO, *Romulus*, 21, 5).

Es cierto que los más grandes entre los filólogos no han dejado de manifestar su perplejidad ante el ritual del cuchillo ensangrentado y la leche declarándolos "sin explicación" (DUMÉZIL, 1974: 72). El hecho resulta sorprendente si tenemos en cuenta que la explicación que ofrece el propio Plutarco resulta altamente convincente y da cuenta de la ultra-historia del poder en la fundación misma de Roma. El rito sería entonces una rememoración del momento en que Rómulo y Remo vencieron a Amulio y, acto seguido, se dirigieron corriendo al sitio donde la loba los había amamantado (PLUTARCO, 21, 6). El cuchillo ensangrentado recuerda el peligro de la matanza de aquel entonces y la limpieza de la mancha mediante el uso de la leche hace las veces de un símbolo de su crianza por parte de la loba. Por esta razón, las *Lupercalias* son, de manera eminente, un ritual mitopoiético del poder (DUMÉZIL, 1929: 219-222).

Ciertamente, los *Luperci* pueden distinguirse, por complementariedad alterna respecto de una estructura profunda común, de los *Hirpi Sorani* descriptos por Servio en su comentario a la *Eneida* de Virgilio. En dicha fuente podemos apreciar que se trata de un auténtico pueblo asentado en territorio itálico (*dicti sunt ipsi populi Hirpi Sorani*) cuya imitación ritual de los lobos resolvió una epidemia (*pestilentia*) desencadenada por el accionar de unos lobos que habían interrumpido el oficio de un sacrificio ritual a las deidades ctónicas (SERVIO, *Ad Aeneidem*, II. 785).

Tanto en el caso de los *Luperci* como de los *Hirpi Sorani*, ambos fenómenos de licantropía pueden asimilarse a la estructura indoeuropea de cofradías masculinas (*Männerbund*) que se caracterizaban por el uso de pieles animales con fines psico-metamórficos y chamánicos que los ponían en contacto con el mundo infernal de los muertos y sus deidades, a través de rituales extáticos que implicaban la desnudez (CEBRIÁN, 2010: 344) y que, en el caso de la peste, también colocaba a los *Hirpi Sorani* en relación con el fenómeno del *phármakon*, aspecto ineludible de los *Luperci* (MANNHARDT, 1884: 173; 178).

Llegados a este punto, podemos constatar que en la licantropía antigua, ritual o mitopoiética, se ponía en juego nada más y nada menos que el dispositivo metafísico por antonomasia que permitía el pasaje de la *physis* al *nómos* en tanto y en cuanto el animal podía transformarse en hombre. En este sentido, la sangre y la leche son los residuos sustanciales de la metamorfosis originaria que recuerda, al mismo tiempo, la posibilidad permanente de su reversión. Ningún ser humano lo es de manera estable: el viaje chamánico hacia el mundo animal puede volver a tener lugar en cualquier instante, y en cierta forma los rituales de la ciudad antigua están llamados a preservar la forma humana de los seres hablantes que la habitan al mismo tiempo que a absorber y transformar la fuerza lupina que la habita desde los tiempos que precedían a la civilización en cuanto tal.

Otra connotación que no puede ser soslayada es la historia según la cual, después del rapto de las Sabinas, los dioses infligieron la esterilidad a las esposas así forzadas. Ante un Rómulo contrariado, se hizo una consulta a la diosa Juno, protectora de los alumbramientos, quien hizo comprender su voz a través del bosque sagrado: "que un macho cabrío sagrado penetre a las madres itálicas (*Italidas matres sacer hircus inito*)" (OVIDIO, *Fastos*,

441). Ante el estupor de los presentes, un augur cuyo nombre
ha sido olvidado en el tumulto de los tiempos, pudo establecer
el sentido de los dichos de la diosa: se debía sacrificar un macho
cabrío y, con sus tiras, flagelar la piel de las muchachas (*iussae sua
terga puellae pellibus exsectis percutienda dabant*) (OVIDIO, *Fastos*,
445-446).

Nuevamente, Ovidio aquí nos recuerda a la vez el umbral
metafísico en el cual la interacción entre el ser humano y el animal-
lobo podía ser permanente y no sólo como metamorfosis sino
también como interacción sexual. Es como si la diferencia sexual
superara cualquier barrera de especie y el Lobo fuera la figura que,
secretamente, conectaba a todas las especies vivientes en Gaia.
Solamente en este profundo sentido es posible hablar del ritual
como garantía de la fertilidad de todas las formas de vida o, lo que
es lo mismo, de toda vida sobre la Tierra.

— 2 —

En un ápice de la escaramuza entre los troyanos y los griegos,
Héctor propone la recompensa del carro de Aquiles con sus dos
caballos para quien tenga la osadía de acercarse a las naves de los
aqueos a los fines de averiguar sus estrategias de guerra. Contó
entonces con el apoyo de Dolón, hijo del heraldo Eumedes y de
notable velocidad en la carrera (HIGINIO, *Fábulas*, 113) que partió
hacia dicha misión pero antes "se vistió por encima con la piel
de un canoso lobo (*rinón polioîo lúkoio*)" (HOMERO, *Ilíada*, x 334).
A partir del imponente trabajo de Hermann Usener, los filólogos
no han dejado de subrayar el aspecto ritual que este detalle sobre
la licantropía revela sobre la epopeya homérica y sus orígenes
(USENER, 2012: 447-467).

Como ya hemos visto, los casos de licantropía son numerosos
en el mundo griego y se hallan bien atestados (ROSCHER, 1896). Sin
embargo, uno de los estudios más penetrantes sobre el tema lo ha
llevado adelante Louis Gernet, discípulo de Émile Durkheim, quien
se adentra, precisamente, en este detalle de la vestimenta de lobo

de Dolón a partir de situarlo en su contexto más propicio, vale decir, el culto arcadiano a Zeus Licaios.

El Licaón de la leyenda se había transmutado en lobo luego de sacrificar a un niño de acuerdo con las indicaciones de un ancestral culto licántropo. Según lo entiende Gernet, estaríamos aquí ante la presencia de un rito de cofradía donde el iniciado, mediante una ceremonia de sacralización, abandona el mundo humano y sus costumbres para ir a vivir como lobo durante un período de segregación limitado. Ciertamente, los Lupercos podrían también ser inscriptos en este tipo de cofradías de Lobos.

En este sentido, resultan elocuentes los testimonios como el de Heródoto según el cual el pueblo de los neuros, que seguían las costumbres de los escitas, fueron magos pues se suponía que en este pueblo todo neuro "una vez al año se convierte en lobo (*lúkos gínetai*) por pocos días" (Heródoto, *Historiae*, IV, 105.2). En una aproximación similar, Platón reporta el caso del templo de Zeus Liceo en Arcadia donde, cuando alguien prueba entrañas de víctimas humanas, "necesariamente (*ananké*) se ha de convertir en lobo (*lúkoi genésthai*) (Platón, *República*, VIII, 565d-e).

La historia es también corroborada por Plinio el Viejo quien además añade que, en Arcadia, el linaje de los Antei debía elegir a uno de entre ellos para transformarse en lobo. Luego de un ritual de pasaje cruzando una laguna, se producía la metamorfosis en hombre lobo que duraba nueve años y podía ser reversible solamente si el elegido se abstenía de comer carne durante ese período y así "volvía a nado por el mismo lago y recuperaba su apariencia corporal original nueve años más viejo (*ad pristinum habitum addito novem annorum senio*)" (Plinio el Viejo, *Historia Natural*, VIII, 37).

El propio Licaón es convertido el lobo por Zeus como castigo por el hecho de que el primero le ofreció al dios un hombre degollado como banquete sacrificial: "se transforma en lobo y conserva vestigios de su antigua figura (*fit lupus et veteris servat vestigia formae*)" (Ovidio, *Metamorfosis*, I, 237). En cuanto a la duración de nueve años de la metamorfosis de los hombres lobo arcadianos si lograban la abstinencia de carne, el testimonio es también transmitido por Pausanias: "de lobo se transforma en hombre (*ánthropon ek lúkou gínesthai*)" o, si prueba carne humana, permanece como un "animal salvaje (*theríon*)" para siempre (PAUSANIAS, *Graeciae Descriptio*, 8.2.6).

En todos estos casos, el mito arcadiano toma su forma en la relación primordial de los dioses con los humanos que encuentra, en el sacrificio, un umbral de pasaje. Si ese ritual no es cumplido adecuadamente, el humano entra en un proceso metamórfico que lo conduce al lobo a perpetuidad. En este punto, el mundo natural y el mundo humano se separan y al mismo tiempo se yuxtaponen, pues la metamorfosis, en última instancia, es una potencia divina que conserva el humano, ya sea inducida por los dioses ya sea desencadenada por la *physis*, que le permite borrar toda distinción entre lo humano y lo animal para asumir una figuración superior donde, suspendidas ambas propiedades, se toca el suelo de lo divino como in-humanidad originaria.

De igual modo, Petronio refiere la historia de un soldado que, en el claro de la luna, realiza un ritual entre las estelas funerarias: se desnuda, forma un círculo de orina alrededor de sus ropajes y "al instante se convirtió en lobo (*subito lupus factus est*)" para luego, aullando, "desaparecer en el bosque (*in silvas fugit*)" y atacar, "como si fuera un carnicero (*lanius*)" a otros animales de una granja (PETRONIO, *Satiricón*, 62).

En los relatos de este tipo es posible retrotraerse también, según Gernet, a la práctica de los cazadores de cabezas de las sociedades secretas y sus ritos de iniciación que también se hallan presentes en la matriz indoeuropea, como lo prueba el caso de los celtas y los escitas. Se establece, de este modo, un íntimo parentesco entre la conversión en lobo, la caza y, particularmente, la guerra (como, por otra parte, atestigua el caso de Dolón). En el centro de estas prácticas es posible encontrar un trasfondo jurídico-político:

Pero todo esto nos permite comprender también que la misma concepción se haya podido utilizar en los ritos de la ejecución capital: el *vargr* germánico, del que se dice en ciertos textos *per silvas vadit, caput lupinum gerit* (de donde proviene el nombre anglosajón de *wulfesheved*), dicho *vargr* es, en el sentido propio de la palabra, un *friedlos* del que se dispone para que pueda ser matado; se nos dice, además, que los criminales ejecutados llevan en la cabeza un engrudo alquitranado o un trapo negro que los califican como demonios, e incluso que figuran con las insignias de su pena en "caza salvaje" que es la función desempeñada por un *exercitus feralis*. (GERNET, 1968: 216-217).

Estas prácticas que otros pueblos indoeuropeos testimonian pueden hallarse, en Grecia, en los *phármakoi* o "víctimas propiciatorias" y, podemos añadir, en el ámbito romano, en la figura jurídico-religiosa del *Homo sacer*. En efecto, esta figura del derecho romano arcaico resulta del todo incomprensible si no es colocada bajo su tela de fondo específica que corresponde al misterio ritual del hombre lobo en su matriz indoeuropea. Salvo que, en todos estos casos, así como en el de Dolón contado por Homero se hallan "ritos y nociones prehistóricos que habían sido completamente traspuestos por la epopeya" (GERNET, 1968: 223). De hecho, lo una vez acontecido, las sociedades secretas podían luego escenificarlo como ritos de caza y simulacros de muerte para los nuevos iniciados.

— 3 —

La vinculación de las *Lupercalia* con los rituales del Paleolítico ha sido, asimismo, defendida por Carlo Ginzburg. En su pesquisa sobre el aquelarre, ha considerado a los hombres-lobo de las *Lupercalia* del mundo romano dentro de las series morfológicas de los grupos iniciáticos que se embarcaban en "batallas extáticas" de tipo astral dedicadas a procurar la fertilidad, pues las metamorfosis zoomórficas forman parte de este chamanismo que debe remontarse a los tiempos prehistóricos (GINZBURG, 1989:

242). En este contexto, la investigación de Ginzburg es uno de los sustentos más robustos a la hora de la vinculación del fenómeno de los hombres-lobo con los ritos y sacrificios metamórficos de los chamanes cuyos orígenes se adentran en los tiempos más remotos. Sin embargo, su investigación todavía encalla cuando limita la significación de las *Lupercalia* históricas de los romanos al fenómeno de la fertilidad quedando así en la superficie de un problema cuya apariencia esconde una significación de inusitada amplitud.

— 4 —

No resulta, llegados a este punto, un hecho del azar que Hannah Arendt se haya interesado por el estatuto jurídico de la institución de la "*Friedlosigkeit*" o de la "*Outlawry*" cuando trató sobre los refugiados en su libro sobre el totalitarismo. De hecho, Arendt considera que el refugiado actual que representa una "moderna expulsión de la Humanidad" tiene consecuencias mucho más radicales que la proscripción medieval heredada de la Antigüedad. Ciertamente, la pena de proscripción colocaba "la vida de la persona proscrita a merced de cualquiera con quien se topara" en una suerte de "sucedáneo de una fuerza de policía" (ARENDT, 1976: 302 n. 54). De esta forma, el secreto político del totalitarismo del siglo XX todavía hunde sus raíces en una suerte de amplificación de los rituales del Poder ya presentes en las antiguas cofradías que veneraban al Lobo.

De hecho, los estudios de Karl Meuli han señalado, con toda agudeza, que en el derecho penal arcaico de origen germánico, la privación de la paz (*Friede*) equivalía, exactamente, al levantamiento de la protección jurídica provista por la comunidad y garantizaba la muerte segura para el condenado mediante un asesinato que restauraba el equilibrio que se había roto con la divinidad (MEULI, 1975, I: 445-469). De igual modo, estos institutos jurídicos tienen estrecha relación con los tribunales populares del "Charivari" que ejercían idéntica función de proscripción por medio del ritual de

la caza, que con el devenir del tiempo fue constituyéndose en un
acto simbólico que evitaba el asesinato real sin por ello perder
fuerza el sentido de la proscripción de la comunidad (MEULI, 1975,
I: 471-484).

Como puede verse, la estructura de la licantropía implica una
metafísica de la metamorfosis de todos vivientes en Gaia que, en
su ritualización, adquirió también una escenificación política. Aun
cuando el lobo entra en los estatutos jurídicos de la proscripción
de la comunidad, los aspectos determinantes no se pierden: la caza
y el sacrificio, la sangre y el mundo pre-humano son los elementos
que dan fuerza al Lobo como paradigma último, junto con el
Vampiro, de las condiciones que hicieron posible, como veremos,
la vida sobre la Tierra.

— 5 —

La alusión a un ritual de orígenes pre-históricos en territorio
griego es fecunda aún con todas las cautelas filológicas del caso
(MANNHARDT, 1860; FARNELL, 1907: 113-125) pero la antigüedad que
el folclore revela no es necesaria para medir la importancia de la
presencia del hombre-lobo en la historia de la filosofía. Hemos ya
señalado la relación entre la exposición de los gemelos y la loba
en los mitos romanos, pero no es el único caso. En este punto,
series mitológicas como la correspondiente a Mileto, fundador
de la ciudad epónima del Asia Menor, expuesto por su madre y
alimentado por los lobos, no hacen sino reforzar nuestra hipótesis
acerca del lazo constitutivo entre la exposición como forma del
poder político y el carácter animal, especialmente vinculado al
mundo de los lobos, que recorta la silueta del soberano (NONO DE
PANÓPOLIS, *Dionysiaca*, XIII, 546 y ss; APOLODORO, *Biblioteca*, III, 1, 2).

La soberanía, en sus formaciones mitológicas más arcaicas,
estructurantes y eficaces, asume su carácter de poder político en
la extrema vecindad que existe entre la figura de la exposición y el
mundo de los lobos que nutren al futuro soberano. De este modo,
en los ritos más antiguos, el hombre lobo no será –como para

los Modernos analizados por Derrida y otros– la figura suprema del excluido político sino, al contrario, la forma *par excellence* de asunción de los caracteres animales propios de toda soberanía. La compleja dialéctica que asume el hombre-lobo en la historia política de Occidente comienza como una forma de vecindad e indistinción entre poder político y animalidad. Por esta razón toda política es constitutivamente también una demonomanía del lobo como soberano que hace que el poder no sea sino el ejercicio de una fuerza zootécnica.

Este propósito resulta de particular importancia si tomamos en consideración el hecho de que precisamente el Liceo, la escuela filosófica de Aristóteles, se construyó de forma adyacente al templo de Apolo *Lykeios* del cual deriva su nombre, es decir, de Apolo como dios-lobo en lo que, sin lugar a duda, es una de las manifestaciones más antiguas e inquietantes del dios solar (LYNCH, 1972: 9-12). Esta vecindad arquitectónico-cultual, querríamos hipotetizar, tiene las máximas consecuencias metafísicas. Tempranamente, el *lógos* filosófico toma como asiento y *locus* específico de enunciación aquel sitio destinado a la adoración del lobo y, más precisamente, del misterio del pasaje del hombre al lobo y viceversa.

En este sentido, la filosofía se erige, secretamente, como una licantropía del Ser y toda ética es una forma extrema de antropotecnología destinada a producir la metamorfosis del lobo (como emblema supremo de la animalidad) en *Homo*. Lejos de cualquier exclusión originaria de lo animal, la filosofía es la ciencia suprema de los filósofos centauros, de los hombres-lobo, de todos los híbridos que pueblan las taxonomías políticas de Occidente.

La pregunta se impone: ¿por qué la filosofía del siglo XXI parece oponerse con tanta obstinación a otorgarle ciudadanía filosófica legítima a vampiros, zombis y tantas otras criaturas que pueblan el mundo atmosférico de la cultura contemporánea? Si atendemos a los orígenes del filosofar, en realidad, no podrían haber objetos más propicios para una metafísica que sea consciente

de su capacidad operativa como motor antropo-tecnológico
(pero no necesariamente antrópico) del pensar. Esta posibilidad,
ciertamente, es ampliamente explorada en el mundo actual
por todas las técnicas creativas exceptuando la filosofía (salvo
honrosas excepciones). Un ejemplo temprano en la literatura del
siglo XX es *El lobo estepario* de Hermann Hesse, que vehiculiza el
problema ancestral de la licantropía filosófico-psíquica gracias a
las mediaciones del gnosticismo antiguo cuyas fuentes resultaron
conocidas para Hesse gracias a su análisis con J. B. Lang, un
discípulo directo de Carl Gustav Jung (QUISPEL, 1978: 492-507).

Por lo tanto, más allá de cualquier necesaria deconstrucción, la
filosofía debe asumir el carácter eminentemente in-humano de su
ejercicio, pues desde sus inicios su objetivo ha sido la constitución
de un mundo humano a partir del conocimiento de su inestabilidad
originaria, de su parentesco secreto con las sociedades de
adoradores de animales salvajes. El proyecto nietzscheano del
Übermensch, en última instancia, no es sino el último sueño
filosófico de envergadura que ha pretendido transformar, en
cierto modo vana o innecesariamente, al *Homo sapiens* en una
especie post-humana cuando, en realidad, la filosofía ha estado
persiguiendo ese desiderátum desde el momento fundacional
mismo en el que el filósofo se constituyó sobre el ex-tasis de su
condición licantrópica originaria. El super-hombre, por tanto, es
una aporía en tanto y en cuanto el hombre no ha existido más que
como una quimera en la que, algunos filósofos, tuvieron a bien
creer.

— 6 —

Como ha sido demostrado, la mitopoiesis correspondiente al
hombre lobo se extiende ampliamente tanto en la cronología
hacia la Edad Media y la Modernidad hasta alcanzar el tiempo
presente, así como geográficamente, pues abarca regiones que
van desde Irlanda hasta los pueblos bálticos (FONDEBRIDER, 2004).
En la Edad Media, la licantropía era todavía considerada como un

fenómeno común presente "en la vida cotidiana" de los pueblos, como testimonia un jurista y político del siglo XIII en un portentoso trabajo enciclopédico (GERVASIO DE TILBURY, 1707: 960) cuyo escéptico editor, que hizo el texto parcialmente accesible para la Modernidad, fue nada menos que Gottfried Leibniz.

En este sentido, resultan sumamente fructíferos los estudios que han mostrado la presencia del hombre-lobo como una de las formas de la antiquísima tradición del Doble (LECOUTEUX, 2005) que puede traducirse del siguiente modo según los parámetros de la ontología analéptica: todo ser humano no es jamás un individuo sustancial, pues, al menos, le resulta factible por capacidad propia o por inducción mágica liberar el Otro de sí mismo que es su Doble e *imago* sobrenatural que lo habita. De este modo, la Otredad se encuentra, como prioridad ontológica, en el Sí mismo antes que en el prójimo y toda la *psyché* es el resultado de una disociación primordial que encuentra en el hombre-lobo su paradigma metamórfico donde, en cierta forma, lo humano se constituye en la zona indefinida entre el cuerpo y los dobles inmateriales que lo acosan.

Al ignorar esta tradición, buena parte de la filosofía del siglo XX no ha cesado de buscar un Otro, a la larga inexistente como los más perspicaces han sabido darse cuenta, en los demás seres humanos. Si estas filosofías enfrentaron aporías y estancamientos teóricos, esto se debe, precisamente, al hecho de que no han podido reconocer que todo Sí mismo se encuentra ya habitado por al menos un Otro inhumano que le impide cualquier individuación sustancial porque lo divide permanentemente de su propia mismidad haciendo imposible no solamente la identidad ontológica sino también y, sobre todo, mostrando que la licantropía encierra la llave de la comprensión del ser viviente como entidad trascendentalmente zoo-meta-mórfica.

Por ello el Otro tan buscado en muchas filosofías no existe pues, a su turno, se encuentra igualmente desmultiplicado como el Sí mismo que lo busca. Desde esta perspectiva, el mundo está

constituido no por múltiples individuos que se encuentran sino,
al contrario, por una serie indefinida de entidades divididas. El
lenguaje no hace más que darles una transitoria ilusión de unidad,
pero no puede ocultar, más que como un piadoso velo, el carácter
inaferrable que distingue como propiedad intrínseca al conjunto
de los seres hablantes que no son otra cosa que entidades que
se desfiguran, ontológicamente, en dobles de dobles, como una
suerte de espejo cósmico que otorga un carácter metafísicamente
plurivalente a todo cuanto se presenta en aquello que se ha dado
en llamar el multiverso.

Sin embargo, avanzada la Modernidad temprana las tonalidades
epocales cambian y, por tanto, ya Robert Burton advierte a sus
lectores acerca del siguiente hecho:

> el más grande enemigo del hombre, es el hombre mismo, que
> por instigación del diablo, está siempre dispuesto a causar
> daño (*mischief*), a ser el verdugo (*executioner*) de su prójimo, a
> convertirse en un lobo o en un demonio para él: *homo homini
> lupus*; *homo homini deaemon*. (BURTON, 1813: 863).

Como puede observarse, Burton no vacila en otorgarle, al
antiguo *dictum* de Plauto toda su entidad teológico-política. De
igual modo, el informado tratado de Madame de Paban avanza una
teoría similar relatando un caso de licantropía en Alsacia por un
"pacto con el Diablo" que no puede ser disociado de la brujería
(PABAN, 1819: 103). Con todo, querríamos señalar un clivaje
decisivo de la Modernidad cuando, en cierta forma, el célebre
Bisclavret de Marie de France que puede datarse en la segunda
mitad del siglo XII (FONDEBRIDER, 2004: 67-76) sufre, por así decirlo,
un proceso de inversión valorativa.

En un *lais* que describe las proezas de Bisclavret (denominación
bretona para el hombre lobo), Marie de France pone en escena
una licantropía de corte: el hombre lobo convive entre caballeros
(porque, de hecho, antes de su transformación había sido uno de
ellos) y muestra, por así decirlo, la doble cara de toda soberanía

que, en cierta forma, es la capacidad de mutar la propia morfología para devenir el lobo que acecha a los hombres.

En todo soberano habita pues, en su núcleo, un lobo, una animalidad primigenia sobre cuya ausencia o presencia en el cuerpo regio, la soberanía decide en cada instante de su ejercicio. Desde esa perspectiva, la política es precisamente la decisión sobre la inclusión o la exclusión de la animalidad del cuerpo no sólo del soberano sino también, por extensión, de todo el ámbito de la esfera de lo público.

En efecto, no sólo en la Antigüedad y en la Edad Media sino en toda su historia, la licantropía ha sido indisociable de la política. En un reciente estudio Diego Rossello ha demostrado, precisamente, cómo el antiguo *dictum* renovado por Thomas Hobbes, *Homo homini lupus*, pertenece a la misma tradición de la fisiología de la licantropía melancólica que, según cierta tratadística del siglo XVII, podía transformar a los hombres en bestias. La intervención del poder soberano hobbesiano constituye, dicho en nuestros términos, un acto de antropotecnia, pues el evento político originario no consiste en otra cosa que en una terapéutica destinada a domesticar la licantropía primordial para fabricar la humanidad propia de la comunidad política como presupuesto contractual (ROSSELLO, 2012: 255-279).

Estas posibilidades que el Mito ofrecía fueron transformadas profundamente con la concepción moderna de la licantropía como una forma de melancolía que, si bien tenía antecedentes en la obra de Aetius de finales del siglo V y principios del VI, es en la Modernidad temprana donde alcanza su apogeo. El fenómeno ha escapado al escrutinio de la obra monumental de Fritz Saxl, Erwin Panofsky y Raymond Klibansky dedicada a la melancolía saturnina (1964), pero es un hito insoslayable de la mutación epistemológica de la licantropía en una patología médica de la locura.

De hecho, en el tratado de Tommaso Garzoni (1586) sobre los "locos incurables", sitúa la *Lycantropia* bajo una forma de *insania lupina*: "los melancólicos de esta especie tienen el rostro pálido, los ojos secos (…) y una sed extrema (…) sufren una insania de la imaginación (*insania nella imaginatione*)" (Garzoni, 1594: 12). Llegados a este punto, los regímenes astrales de Saturno que hacían de la licantropía un fenómeno astro-político y metafísico son convertidos en los delirios de la imaginación humana, ahora lugar privilegiado que debe ser forcluido en la creación del nuevo orden del Estado Moderno.

Como podemos apreciar, debemos observar el hecho de que, en la Modernidad temprana y hasta los tiempos actuales, a pesar de no perder su tenor político, la tendencia irá girando, progresivamente, hacia la negación de la metamorfosis lupina como hecho sustancial real para conducirlo a un evento imaginario de la patología mental y política, como ocurre en la psiquiatría actual que no duda en considerar, en una conmocionante muestra de miopía conceptual, que la "licantropía clínica (*clinic Lycanthropy*) es un raro desorden alucinatorio (*delusional*), que puede verse mayoritariamente en la esquizofrenia o los desórdenes afectivos" (Shrestha, 2014: E53). A decir, verdad, esta deriva es la misma que sufre el vampirismo cuando algunos de sus estudiosos pretenden explicarlo a través de fenómenos de "catalepsia" u "oscuras enfermedades que surgen del sistema nervioso" (Summers, 1929: 42).

A pesar de este panorama, el retorno de lo reprimido licántropo, desde Freud hasta el cine contemporáneo, no deja de acechar los espíritus del ser-hablante que siempre se pone, metafísica y políticamente, en entredicho en cuanto a su supuesta naturaleza de *Homo sapiens* cada vez que el lobo alza su presencia (y su furia) en los cuerpos de los pobladores de las metrópolis planetarias.

— 7 —

En la perspectiva que venimos desarrollando, deviene más transparente que la estrecha relación entre el vampirismo y la licantropía ocurre mediante la relación que ambos fenómenos mantienen con el mundo de los muertos. Una vez más ha sido el mérito de Jane Harrison, con su insuperable agudeza, el haber señalado que las *Lupercalia* deben relacionarse con ritos de purificación que, si bien pueden apuntar hacia la fertilidad, lo decisivo es que lo logran mediante la expulsión de los espíritus de ultratumba que podrían obstaculizarla. Como señala la estudiosa, "la purificación es el aplacamiento de los fantasmas" (HARRISON, 1908: 53). En esa inextricable relación con el mundo de los muertos tiene su anudamiento el sacrificio vampírico con la caza metamórfica de los hombres-lobo.

Por su parte, Walter Burkert ha puesto en relación a la licantropía con capas de civilización pre-helénicas que remontan a los cazadores del Paleolítico. En este sentido, la civilización agro-urbana y la sociedad secreta de los cazadores y hombres-lobo se mantienen en una suerte de co-pertenencia en tensión que, en el caso de los hombres-lobo, aparece en la superficie en los momentos de las fiestas, por ejemplo de Año Nuevo, y los rituales religiosos de la más diversa especie. Toda la civilización está construida, según la tesis de Burkert, justamente por oposición a los lobos. En ese sentido, el mundo sacrificial de la sangre de los cazadores puede entrar a formar parte del núcleo oculto en el corazón de una civilización que construye la vida como "domesticación". Por esta razón, el horror de la muerte y la afirmación de la vida coexisten en la comunicación, precisamente, con el mundo divino ejemplificado en los sacrificios a la Gran Madre.

Desde este punto de vista, los sacrificios de que los hombres-lobo vuelven a hacer presentes, en sus orígenes que remontan a los cazadores paleolíticos, no son únicamente el resultado de un "culto religioso (*religiöse Kult*)" sino que dan sustancia al "orden de la sociedad (*Ordnung der Gesellschaft*)" en cuanto tal (BURKERT, 1972: 98). Con toda su sobriedad, erudición y perspicacia, la tesis de Burkert se revela, empero, insuficiente. Pues lo que ocurre tanto con el vampirismo cuanto con la licantropía es que ambos fenómenos expresan no ya únicamente el archi-acontecimiento fundante de lo social como vaso comunicante con lo divino sino que, más precisamente aun, son el reflejo de la organización de la vida biológica en su forma primigenia y, por efecto de migración analéptica, se transforman en las condiciones de posibilidad de todo agrupamiento de los seres hablantes.

De este modo, la ontogénesis socio-histórica del sacrificio en el vampirismo y en la licantropía no es sino el reflejo de la filogénesis biológica del orden mismo de la vida sobre Gaia de la que estas antiquísimas leyendas y ritos mitopoiéticos son la memoria evolutiva de los seres hablantes en su despliegue en el acontecer histórico. Por medio de un proceso que denominaremos de *refracción histórica*, el vampirismo y la licantropía son ejemplos rituales de la metamorfosis sacrificial de la sangre vital pero también de la errancia inagotable de la vida. Por ello expresan, en el plano de la historia del Ser, lo que ocurre en la ontología biotécnica primigenia de la vida, vale decir, el anudamiento inestable de las coordinadas genéticas de la vida con las potencias extra-biológicas e inmateriales que son condición trascendental de toda materialidad biótica.

Llegados a este punto en que la filología, la prehistoria y la historia son desbordadas como disciplinas, es necesario adentrarse en un territorio que le pertenece a la ontología analéptica como ciencia filosófica de la estructura de la vida en la Tierra y su destino. Sólo comprendiendo el modo en que la vida surgió sobre Gaia y tomó impulso en el camino de la evolución, estaremos en condiciones de aprehender el significado último de los oscuros rituales del vampirismo y la licantropía en tanto rastros inmemoriales del evento originario que hizo posible la existencia de la vida sobre el planeta Tierra. Al mismo tiempo, este intento nos permitirá, con las debidas cautelas del caso, cobrar dimensión del futuro que esa misma vida deberá afrontar ante el auge de las tecno-biologías genéticas que están tomando por asalto el cielo que otrora habitaba el ser hablante en el orbe de Gaia.

El evento Kurgan

$$-1-$$

Habría ocurrido en la noche de los tiempos, en un ámbito que debe calificarse de pre-indoeuropeo y cuya antigüedad se remonta a los años 7000 al 3500 a.C. y se habría situado en el sudeste del continente europeo. Es lo que la arqueóloga Marija Gimbutas ha denominado la Vieja Europa dominada por una cultura matrilineal y agrícola que concentraba su religión en el culto de la Gran Madre como diosa de la vida y la fertilidad. Este matriarcado habría sido, en sus rasgos fundamentales, igualitario y pacífico. El idilio habría de terminarse con la llegada de tres olas de invasiones desde la estepa rusa hacia los años 4500 y 2500 a.C.: eran los Kurgan de origen remotísmo, pueblo de pastores nómadas y guerreros de los Urales, proclives a la agresividad jerárquica.

Con su llegada tendría lugar lo que hemos denominado el "evento Kurgan" que se caracterizaría por la instauración, en modo progresivo, de la ideología patriarcal indoeuropea aunque, como lo atestiguarían tanto los testimonios arqueológicos como los mitológicos y los documentos escritos o artísticos, la Diosa Madre habría encontrado sus modos de supervivencia infiltrándose en los intersticios de la cultura patrilineal en una especie de *Nachleben* de tipo warburguiano (aunque de proporciones temporales no imaginadas por el estudioso alemán) que habría garantizado su permanencia latente como sustrato cultural de los tiempos antiquísimos.

Ciertamente la monumental y minuciosa investigación de Gimbutas deja fuera de toda duda la existencia de la Gran Diosa (declinada en múltiples formas plurales). Más dudosa, en cambio, es la posibilidad efectiva de que dicha diosa fuera, asimismo, el centro de una cultura matriarcal. Y estimamos que es altamente improbable, cuanto no una derivación propia del romanticismo político, considerar que tal cultura matriarcal habría sido exclusivamente pacífica (aun admitiendo que la guerra según las formas y proporciones en que se conocieron en las culturas indoeuropeas pueda ser, en efecto, una prestación indisociable del patriarcado).

En este sentido, la propia Gimbutas, en su contraposición entre las culturas femeninas de la Vieja Europa y la del patriarcado indoeuropeo, ha podido afirmar:

> El análisis de los símbolos antiguo-europeos e indoeuropeos muestra que las dos religiones y mitologías tenían simbologías completamente diversas. Ambas simbologías existen todavía hoy en la mitología y en el folclore europeos (…). La síntesis de las funciones y de las imágenes de los dioses, de creencias en el más allá y de las diferentes simbologías, demuestran la existencia de dos religiones y de dos mitologías, la antiguo-europea indígena, heredada del Paleolítico y la de los invasores indoeuropeos. Su colisión en Europa provocó la hibridación de las dos estructuras simbólicas. Los indoeuropeos prevalecieron, pero los Antiguos Europeos sobrevivieron como un río cárstico. Sin el discernimiento de las dos diversas estructuras simbólicas, las ideologías de los pueblos europeos y la génesis y el significado de los símbolos, creencias y mitos, no pueden ser comprendidas. (GIMBUTAS, 2010: 141).

La apuesta, como puede verse, tiene un calado insoslayable y no cabe duda de que los asentamientos, descubiertos de manera pionera, en Çatal Höyük y que se remontan a los períodos neolítico y calcolítico han reforzado estas líneas de investigación (MELLAART, 1973). En este campo, Walter Burkert no ha objetado la existencia sino disputado el sentido de las diosas femeninas y su autonomía antropológica:

> La diosa es la Madre de los Animales que sirve a la caza y el sacrificio, esta se presenta como una potencia dispensadora de vida y que tiene dominio sobre los muertos. Sobre una de las pinturas murales [de Çatal Höyük], un grupo de hombres-leopardo baila alrededor de un ciervo; la diosa aparece tronante entre dos leopardos: a su servicio se encuentra la comunidad de los cazadores (*Gemeinschaft der Jäger*), el *Homo necans* transformado en "predador (*raubtierhafte*)". (BURKERT, 1972: 92-93).

Desde esta perspectiva, la Gran Diosa es únicamente pacífica en la medida en que la violencia queda delegada en los varones cazadores que están a su servicio. A partir de esta caracterización, Burkert puede concluir que es la diosa Madre quien reclama el sacrificio. De hecho, la propia Gimbutas ha debido reconocer que la Gran Madre también ha debido ser, en otro de sus múltiples aspectos, una "Madre Terrible (*Mother Terrible*)" y, en cuanto tal, "quizá anhelante de sangre humana y animal (*perhaps yearning for human and animal blood*)" (GIMBUTAS, 1982: 196). El vampirismo es la contracara sombría que ni siquiera la Gran Madre pre-indoeuropea puede evadir. Por esta razón, resulta de la máxima relevancia la constatación de las implicaciones filosóficas —no ya solamente arqueológicas o simbólicas— del matriarcado.

La gran diferencia que separa las obras de Bachofen de las de Gimbutas radica, precisamente, en la comprensión que tenía el filólogo alemán de que, tanto en el matriarcado como en el patriarcado, independientemente de la polémica sobre su existencia histórica, el problema que se pone en juego no es otro que el del ejercicio del poder a través de la caza, el sacrificio y la sangre. En otros términos, tanto el matriarcado como el patriarcado tienen un trasfondo común, más antiguo y más opaco, auténtica matriz estructurante de ambos: el sacrificio de la sangre y la metamorfosis animal de la *physis*.

Por esta razón, en todos los casos, el dato lingüístico resulta insoslayable: matriarcado, patriarcado, ginecocracia: en todos los casos está en juego el *krátos* y la *arché* como expresiones del poder y el dominio. Ninguna de las formas de configuración antropológicas adoptadas por el ser hablante han podido prescindir de una búsqueda del ejercicio de un poder. En ese punto, tanto el matriarcado como el patriarcado son instituyentes de un sacro poder que puede tener, ciertamente, variaciones históricas y fenoménicas en su ejercicio pero que, en ningún caso, pueden prescindir de él.

Si la hipótesis que estamos siguiendo es correcta, entonces, la problemática del origen y ejecución del poder se retrotrae a la disposición originaria que ligó al viviente con el mundo y, en esa situación, precede al lenguaje como huella y depósito arqueológico de los poderes. Más aun, el misterio de todo poder queda, de este modo, ligado a la manera en que la vida en cuanto tal representa una emergencia inédita en nuestro ecosistema terrestre. Una indagación sobre este trasfondo último sólo puede ser llevada a término, incluso en su precariedad, por los adecuados oficios de una para-metafísica que se oriente hacia los territorios que se hallan allende la vida en cuanto fenómeno captable por la hiperciencia.

Por lo pronto, se confirma, como corolario de lo antedicho, que el vampirismo, la licantropía, los ritos de la sangre y el sacrificio tienen una matriz que supera el sustrato indoeuropeo (y, por tanto, los límites impuestos por las investigaciones de los indoeuropeístas desde Benveniste a Agamben, desde Dumézil hasta Gernet) y se remonta al Paleolítico y más allá transformándose, de ese modo, en la sustancia misma del problema filosófico de lo que querríamos denominar la ultra-vida, vale decir, la vida situada en su emergencia más allá del distingo metafísico entre vida y muerte.

Ahora bien, incluso los estudios que se remontan al Paleolítico superior para la explicación del arte prehistórico de las cuevas, han encontrado un sustrato chamánico que remite a la caza y donde los humanos actúan como "hechiceros vestidos de pieles animales" o, donde, directamente se admiten capacidades metamórficas en dichos chamanes, las cuales les permiten de ese modo mejor captar las cualidades animales (CLOTTES – LEWIS-WILLIAMS, 2007: 80). De modo que no resulta aventurado sostener, según nuestro recorrido, que en estos casos podemos constatar que la caza nunca consiste solamente en un acontecimiento material, sino que intervienen necesariamente fuerzas del cosmos que hacen que, en un *continuum* metamórfico, el cazador y la presa puedan por un momento indistinguirse en el orden de las especies para luego, con la muerte, introducir el discriminante que no puede evitar finalmente la distinción y, con ello, dar lugar a la historia de la metafísica que es, asimismo, una historia de la tragicidad de la vida-muerte.

En este sentido, la debilidad de las investigaciones de Clottes y Lewis-Williams, tan meritorias en numerosos aspectos, se encuentra en la explicación de "base neurológica" que encuentran para estos fenómenos en un contraste evidente entre la complejidad de los fenómenos y la causalidad última propuesta por los estudiosos (CLOTTES – LEWIS-WILLIAMS, 2007: 22). De allí que, aunque resulta fructífera la hipótesis de que toda explicación de los orígenes antropológicos de las civilizaciones humanas no puede ignorar las herencias del Paleolítico superior que las determinan en grados que no son generalmente admitidos por los estudiosos. En ese terreno, serían ejemplares las huellas primordiales de fenomenología chamánica que, desde las cuevas del Paleolítico superior, conducirían a las grandes religiones históricas.

Sin embargo, el proyecto encuentra sus límites tanto en sus derivas neurológicas como en su elección temporal. Pues, como tendremos ocasión de ver, el problema requiere un abordaje metafísico que remonte la cuestión de la archi-huella biológica más allá del Paleolítico superior hasta el punto en el que tiene origen el par mismo vida-muerte lo que implica dar los primeros pasos de una auténtica paleo-metafísica que recorra el camino y, sobre todo, las implicancias filosóficas últimas del así llamado Árbol de la Vida.

A finales de 1934 y comienzos de 1935, Walter Benjamin redactó en francés un ensayo sobre Johann Jakob Bachofen que esperaba publicar en la *Nouvelle Revue Française* que, por aquel entonces, estaba bajo la tutela de Jean Paulhan. Sin embargo, la empresa no se vio coronada por la buena fortuna y el texto no vería la luz sino muchos años más tarde, en enero de 1954, en *Les Lettres Nouvelles*. En aquel texto, que resultó decisivo en el alejamiento de Benjamin respecto de las teorías de Ludwig Klages, hay que reconocer las dudas del filósofo respecto de la factibilidad histórica del matriarcado en cuanto tal. Aunque Benjamin admite que los etnólogos apenas si ya niegan la existencia de ciertos casos de matriarcado, no deja de ser cierto que "son muy reservados en lo que concierne a la idea de una era de matriarcado como época bien caracterizada, como estado social sólidamente instalado" (BENJAMIN, 1977: 227). Un escepticismo que parece compartido por Benjamin quien, no obstante, concentra su estudio en las dinámicas de la concepción de Bachofen y, por ende, puede pasar por alto la problematicidad impuesta por el improbable Derecho materno. Por esta razón, no deja de resultar sorprendente que, en un bello libro, Ginevra Bompiani defienda la tesis según la cual las lecturas de Bachofen llevadas adelante por Friedrich Engels, Walter Benjamin o Furio Jesi, entre otros, autorizan a tomar sin ninguna cautela filológica matizadora las tesis de la existencia histórica de la civilización ginecocrática y su paso al sucesivo patriarcado:

> la reconstrucción de una época pre-patriarcal abarca regiones del mundo mucho más vastas que aquellas excavadas por los arqueólogos, y deja intuir que, si se continúa excavando, podrían hallarse testimonios concernientes a una parte muy extensa del planeta (incluidas las Américas, hacia donde emigraron poblaciones asiáticas desde Medio Oriente a través de Alaska. (BOMPIANI, 2021: 219).

Si algo es seguro no es tanto que los autores invocados por Bompiani no autorizan semejante lectura sino que un examen cuidadoso de la propia obra de Bachofen muestra la fragilidad de los supuestos méritos de la ginecocracia defendida por la pensadora italiana. En efecto, Furio Jesi no deja de señalar, agudamente, que para Bachofen la cualidad femenina era portadora de una ambigüedad peligrosa que llevaba al filólogo alemán a considerar en un plano superior a "la norma de vida (*Gesittung*) ordenada, de impronta patriarcal" (JESI, 2005: 72).

Por otra parte, como señala el estudioso en su insuperada lectura sobre Bachofen:

> Esta fundamental convicción de Bachofen, estrechamente en conjunción con aquella que defiende la prioridad cronológica del matriarcado en la secuencia de los períodos de civilidad, resulta escasamente atendible si se la considera desde el punto de vista cronológico: la civilización "matriarcal" y la "patriarcal" parecen haber sido contemporáneas (y raramente tan netamente contrapuestas). (JESI, 2005: 72).

En este sentido, más que consagrar esfuerzos, más o menos valederos, a confutar las hipótesis de Bachofen sobre el posible matriarcado histórico, la investigación ultra-histórica puede extraer mayores beneficios teóricos de la comprensión de la naturaleza cultural y religiosa de los axiomas que sustentan dicha ginecocracia.

— 3 —

Es materia ineludible de los mitos más ancestrales del mundo griego la historia de las cincuenta hijas de Dánao que, con la sola excepción de Hipermestra que salvó a Linceo, degollaron a sus maridos (los sobrinos de Dánao, hijos de su hermano Egipto), rindieron honores fúnebres a los cuerpos mutilados en Argos y luego enterraron las cabezas en Lerna. Esta epopeya que se hunde en el fondo de los tiempos alcanzó, hacia el siglo VI a.C. una forma literaria estable en el texto, hoy perdido, de la *Danaida*.

Como lo relata una de las principales fuentes mitográficas sobre el episodio: "los hijos de Egipto se presentaron en Argos y exhortaron a Dánao a que olvidasen su enemistad rogándole que otorgue a sus hijas en matrimonio (…) Dánao celebró un banquete y les dio a sus hijas sendas dagas (*egcheirídia*); y ellas dieron muerte (*apékteinan*) a sus desposados (*numphíous*) mientras dormían" (APOLODORO, *Biblioteca*, II.1.5). Posteriormente, siguiendo los designios de Zeus, las Danaides fueron purificadas de sus homicidios por la divina intervención de Hermes y Atenea.

Este episodio, que remite indudablemente a dominios arcaicos de la civilización griega, ha recibido distintas interpretaciones. Destaca entre ellas el minucioso análisis dedicado a la epopeya por Émile Benveniste, quien atribuye el rechazo de las Danaides respecto del matrimonio con sus primos a un repudio del incesto pues, en los términos de la exogamia griega, los hijos de los hermanos son hermanos entre sí y no meramente primos. Según Benveniste, ningún filólogo había previamente notado, respecto de las Danaides, el papel central del incesto que desestabiliza "el orden humano y divino" (BENVENISTE, 1949: 138) como llave para la comprensión del asesinato perpetrado por las hijas de Dánao.

Sin embargo, esta afirmación de Benveniste carece de sustento pues el problema del incesto ya había sido claramente identificado por Johann Jakob Bachofen pero juzgado insuficiente en la explicación de fondo, pues el asesinato cometido por las Danaides resulta para Bachofen una prueba indubitable de la supervivencia de la ginecocracia expresada por el Derecho materno:

> el horror (*Abscheu*) ante el incesto no llevó a las Danaides a su crimen sangriento (*Bluttat*). No defienden un prescripción del Derecho civil (*eine Bestimmung des Eherechtes*); lo que ellas ensalzan como el más excelso Derecho (*höchstes Recht*) es la soberanía de la mujer sobre el varón (*die Herrschaft des Weibes über den Mann*) (…) A este Derecho, a esta ley fundamental del mundo antiguo (*Grundgesetz der alten Welt*), de la ginecocracia (*Gynaikokratie*) que toma su fundamento de la religión, deben los

sacrílegos hijos de Egipto (*die frevlen Aegyptiaden*) sucumbir en sacrificio sangriento (*blutigen Opfer*). (BACHOFEN, 1861: 94).

Como puede verse, no existe en Bachofen el mito de la Diosa materna piadosa y contraria a la beligerancia de la guerra. Las Danaides, como representantes de toda la ginecocracia antigua, exigían a los varones entregarse en sangriento sacrificio que ratificaba el poder soberano femenino de la Gran Madre.

— 4 —

El desconocimiento prejuicioso de la obra de Bachofen ha colocado grandes empresas de la filosofía contemporánea al filo de encallar en las aporías de sus propias exclusiones programáticas. Es el caso, por ejemplo, de la arqueología de la política llevada adelante por Giorgio Agamben. Ciertamente, toda la obra se sostiene a partir del paradigma que le otorga su denominación: *Homo sacer*. Esta figura del derecho romano arcaico es definida por Agamben, en tanto derivación del concepto de *sacrum*, como una figura punitiva que conjuga la impunibilidad de aquel que mata al *homo sacer* así como la exclusión de este último de la esfera del sacrificio: "sustrayéndose a las formas sancionadas del derecho humano y divino, este abre una esfera de la acción humana que no es aquella del *sacrum facere* ni aquella de la acción profana" (AGAMBEN, 2018: 82). Figura, entonces, que se sitúa más allá del derecho, en la zona liminar de la esfera soberana bajo la forma de exclusión-inclusiva del bando soberano.

Aunque admite el indudable zócalo indoeuropeo del que esta figura es portadora, la investigación de Roberto Fiori ha señalado la incongruencia de considerar al *Homo sacer* como efecto de la punición del poder soberano:

> en la base de la utilización de la figura del *homo sacer* como paradigma de la sujeción del individuo al poder, subyace en realidad una incomprensión: el poder soberano, en el derecho romano arcaico, aplica la punibilidad mediante el *sacrificium*, que coincide con la pena de muerte. (FIORE, 1996: 521-522).

En efecto, a pesar de la críticas no del todo sutiles esgrimidas contra este argumento (ZUCCOTTI, 1998: 445-447), Fiori explica que la verdadera sanción aplicada al *Homo sacer* consiste, precisamente, más en la separación de la comunidad que en el asesinato mismo que, ante la ausencia de Derecho, se transforma en violencia de hecho (FIORI, 1998: 520). Sin embargo, en todos los casos de los cuales hemos constituido el repertorio, la dimensión religiosa del *sacer esto* queda completamente olvidada o intencionalmente apartada.

Este rasgo resulta particularmente evidente en el caso de Agamben, pues se trata de una lectura eminentemente profana e influida por los conceptos de Carl Schmitt y Walter Benjamin aplicados a la figura del *homo sacer*, dejando así fuera de la interpretación su palmario carácter religioso. En efecto, este es el punto de partida de Bachofen cuando establece la división, bien delineada en las fuentes antiguas, según la cual "lo *sanctum* yace bajo la protección de los poderes ctónicos, el *sacrum* está dedicado a los dioses superiores". Las equivalencias de ambas nociones en griego se corresponden con los términos *hierón* y *hósion* respectivamente.

A partir de una paciente reconstrucción de la aparentemente enigmática observación de Platón sobre las murallas de Esparta, "que los muros duerman arrojados al suelo (*katakeímena*) y sin ser erigidos (*mè epanistánai*)" (PLATÓN, *Leyes*, 778d), Bachofen demuestra la pervivencia de una concepción ancestral. En efecto, las murallas que se levantan de las profundidades de los suelos hacen referencia a un retoño de la matriz materna, un especio de profunda oscuridad, de la cual la ciudad es despertada gracias al ejercicio de un principio masculino que la devuelve a la luz. En ese sentido, puede afirmarse que una ciudad

> permanece en una santa relación con ambos poderes: como *sanctum* se halla en relación con el principio material-femenino, como *sacrum*, con el masculino. Está sólidamente implantada en la matriz de la tierra, es inamovible; y este *akíneton* (inamovible)

es el significado básico de *sanctum*. Elevándose por encima
de la tierra, es el nacimiento fálico que emerge hacia la luz, y
bajo este carácter está dedicado a los dioses de la luz; en esta
relación es *sacer*. *Sacrum* es todo lo que está dedicado a los
dioses superiores. Se relaciona con la naturaleza luminosa de la
masculinidad, tanto como *sanctum* se relaciona con la tierra (…)
en lo *sanctum* reside lo *akíneton*; lleva así consigo la garantía de la
protección divina. (BACHOFEN, 1859: 161-165).

La relación del par *sanctum/sacrum* con la figura del *Homo sacer*
se vuelve entonces mucho más transparente. En este contexto, el
Homo sacer realiza la transición entre ambos órdenes pasando de
la esfera de los dioses superiores a la ctónica. No se trata de una
vida que pueda ser sacrificada puesto que está consagrada a los
dioses lumínicos del principio masculino, pero al no estar imputado
de culpabilidad en un acto jurídico *stricto sensu* el asesinato impune
habilita su regreso a las oscuridades de la Gran Madre que reclama
la sangre originaria a la que ella misma ha dado origen. Eslabón
perdido entre la ginecogracia y el patriarcado, el *Homo sacer* pone
en tensión los dos grandes poderes que estructuran la psique
política del Derecho arcaico. De allí también que el asesinato del
Homo sacer no sea punible en el derecho de los hombres pues,
en realidad, con su muerte ingresa en los dominios de la Gran
Madre que lo protege con su oscuridad sustrayéndolo al comercio
del mundo humano. Nuevamente, según podemos observar en
Bachofen, la Gran Madre exige el sacrificio de la sangre humana
como ritual permanente de su institución. El *Homo sacer*, de esta
forma, no es más que el resto, la archi-figura jurídica que recuerda
lo inmemorial: el modo en que podía el derecho paterno abandonar
punitivamente a un condenado a las insondables profundidades de
una Gran Madre de la tierra que exigía la vida de sus hijos. En ese
punto, no hay potencia patriarcal, recuerda este instituto arcaico,
que no termine, en última instancia bajo el dominio último de una
Gran Madre que siempre yace como latencia y origen de todos los
poderes humanos y divinos que rigen en el cosmos.

La historiografía francesa no ha dejado de develar, en los análisis de Bachofen, una suerte de mundo al revés donde los fantasmas de la dominación patriarcal se invierten en una especie de masoquismo matriarcal que tan bien se encontraba ejemplificado en las fiestas *Matronalia,* donde las mujeres eran tratadas con honores por sus maridos y ofrecían un banquete para sus *servi* machos. Este rasgo, ciertamente, ponía en directa relación a la Roma arcaica con el mundo espartano (VIDAL-NAQUET, 1981: 267-288). Del mismo modo, en un enjundioso estudio sobre las fuentes del pensamiento de Bachofen, se ha podido afirmar que "el análisis de la ginecocracia doméstica no podía sino desembocar en una amenaza capaz de hacer retornar la civilización a un estadio salvaje" (BORGEAUD *et alii*: 1999: 28).

Los relatos matriarcales sobre el pueblo de Licia transmitidos por Heródoto (*Historias* 1.173), las sociedades amazónicas o la ginecocracia de Lemnos así como los relatos sobre la sociedad matrilineal de Locros, al sur de Italia, transmitidos por Polibio (*Historias* XII, 5-6), pueden ser vistos como mitificaciones del ideal masculino del patriarcado (PEMBROKE, 1967: 1-35). Aun así, no puede descuidarse el hecho de que transmiten una supervivencia fundamental sobre el sentido profundo del arquetipo de la Diosa Madre y su función sacrificial. Como ha sido señalado,

> la construcción genial y fantástica de Bachofen acerca del "Derecho materno" prehistórico (*Bachofens genial-phantastische Konstruktion des prähistorischen "Mutterrechts"*) ha demorado la comprensión de estas divinidades femeninas. No se puede hablar de predominancia efectiva de la mujer, ni en las civilizaciones agrarias del Neolítico, ni en las sociedades de cazadores del Paleolítico superior. Por otro lado, las diosas en cuestión son siempre caracterizadas como salvajes y peligrosas: son ellas las que asesinan, ellas las que reclaman y justifican el sacrificio. (BURKERT, 1972: 94).

De allí, entonces, el terror ancestral que los varones griegos manifestaban por la "hembra asesina del macho (*thêlus ársenos phoneús*)" (ᴇsϙᴜɪʟᴏ, *Agamenón*, 1231). Desde este punto de vista, la ginecocracia y el patriarcado han sido los dos puntos extremos, opuestos y complementarios a la vez, en que el sacrificio ha sido escenificado como conjunción del mundo humano y del mundo supra-material, como la ilusión de la sutura de la diferencia sexual y como una maquinaria de la vida que nunca ha podido prescindir de la sangre. En ese sentido, el sacrificio no ha sido un instrumento sino que, al contrario, ha creado a la Gran Madre y al Gran Padre de los que la Humanidad hoy busca, en buena medida, prescindir.

Las nuevas biotecnologías lo permitirán cada vez en mayor medida y el mundo más allá de la Madre y del Padre se vislumbra como una auténtica subversión de la reproducción biológica y del sistema cultural del parentesco. De igual modo, la *Psyché* se desvanece en la medida en que sus polos materno y paterno pierden consistencia: es el alba de un nuevo mundo que, no obstante, aunque pretende forcluir tanto a la Madre como al Padre, no tiene respuesta ni para el sacrificio ni para la sangre que continúan siendo derramadas, sin cesar en todo el orbe, ante el altar de una entidad que, cada día, in-humana se presenta, poco a poco, con el rostro sin forma de la Otredad telemática.

TEOLOGÍA POLÍTICA

Los arcanos de la sangre y el sacrificio

— 1 —

La teología contemporánea no ha tenido la agudeza necesaria para abordar el problema del vampirismo como parte constitutiva de su dogmática e, incluso, de sus misterios apocalípticos. Sin embargo, la obra de Bram Stoker, *Drácula* (1897), así como todas las fuentes que le dan sustento a la novela de este erudito literato ocultista inglés pertenecen, con todo derecho, a un capítulo esencial de la teología política. La indagación del filósofo Jean Louis Schefer ha probado, más allá de toda duda, que la novela de Stoker y sus fuentes son una especie de contra-iniciación de los rituales del cristianismo bizantino: "esta hace aparecer de manera palmaria el nexo existente entre el vampirismo, las leyendas eucarísticas y, en la transmisión de la herencia bizantina, la oposición a la política pontificia" (SCHEFER, 2007: 449).

En efecto, la historia del Drácula histórico, vale decir del legendario Vlad III de Valaquia, da cuenta de un héroe de las cruzadas cristianas contra los Turcos que, en este caso, es visto como enemigo a la vez de Roma y Bizancio. Por otra parte, la concentración de leyendas vampíricas de las que se nutre Stoker tienen su origen en Rusia, Hungría o Serbia, vale decir, en los herederos culturales de la teología política bizantina:

Resulta oportuno percibir el motivo extremadamente profundo que está tejido aquí: más o menos en el momento en que las leyendas de las hostias profanadas (y milagrosas puesto que sangran) se difunden en la Europa latina, las leyendas sobre vampiros se expenden en el dominio bizantino; en uno y otro caso, la eucaristía, la presencia real, la resurrección son puestas en juego a través de lo que nos parece un acoso de la sangre. Alrededor de este tema manifiestamente eucarístico, la Europa latina pone en escena la demostración a menudo reiterada de la presencia real en el pan de sacrificio por medio de su sangrado milagroso (según las leyendas, la hostia sangra por sí misma o la efusión de sangre es provocada por un sacrificio ritual y no cristiano, una "profanación"). (SCHEFER, 2007: 450).

Desde el punto de vista genealógico, la investigación de Schefer resulta impecable al mostrar los lazos que unen al vampirismo con la teología política de la eucaristía y la sangre en sus intercambios entre el mundo bizantino y latino. De esta forma, abre todo un campo de investigación, completamente ignorado por los estudiosos de la obra de Stoker, que sitúa la figura del vampirismo moderno sobre las bases teológicas que le son propias y que resultan de la sedimentación de siglos de controversias sobre la figura de Cristo y el carácter de la misa. Sin embargo, la pesquisa de Schefer resulta insuficiente a la hora de explicar, por un lado, el carácter estructuralmente subversivo del vampiro en el sistema teológico-político latino y, por otro, el filósofo no percibe que, detrás de las leyendas cristianas de la sangre y el sacrificio del Mesías, se esconden oscuros ritos que nos llevan no sólo al mundo antiguo sino mucho más allá, incluso, de la prehistoria del *Homo sapiens* para adentrarse en los secretos de la vida en Gaia.

— 2 —

En un libro ejemplar, Germán Prósperi se ha ocupado de aquel doble problemático que es la figura del Anticristo en su nunca adecuadamente abordado carácter ontológico a partir de su gemelidad, icónico-fastamagórica, con el Cristo soberano. Con todo, la figura del Anticristo está temporalmente delimitada:

"para que la presencia precaria de la vida humana pueda ser finalmente redimida y devuelta a su plenitud originaria, es preciso que antes de Cristo se manifieste el Anticristo, el apóstata, el anómico (…); en suma, el despresentificador" (PRÓSPERI, 2021: 29). Puede apreciarse, entonces, que el momento del Anticristo se corresponde con una teología del *éschaton* y de la apocalíptica cuando los siglos se contraen en el final ineluctable.

Sin embargo, el Anticristo no es el único antagonista que acosa al Cristo en una permanente agonía en el suelo de la historia. De hecho, hay una figura que lo precede incluso en el tiempo. Es capaz, como el Mesías, de resucitar y de realizar asimismo una función eucarística con la sangre. Esta figura no es otra que el vampiro, antítesis oscura de un Cristo al que acecha desde siempre, no en los tiempos del fin, sino en todos los eones del tiempo histórico.

Por ello los teólogos le temen y apenas lo mencionan: el vampiro precedió la resurrección de Cristo y, cuando advino la fusión de la simbología cristiana con los atributos del vampiro, este no tuvo inconveniente en revestir todas las propiedades del Cristo transfigurando sus valores, uno por uno, en una suerte de teología política de simetría inversa. No hay que esperar al final de los tiempos porque el vampiro está entre los humanos desde antes de que estos tuvieran noticia del Mesías y promete seguir los pasos del Cristo durante los milenios que dure la cronología humana para poner en entredicho el sentido mismo de su misión salvífica y la *oikonomía* de la historia de los seres hablantes. Dicho en otros términos, el Anticristo es el enemigo final, gemelo apocalíptico del Cristo, mientras que el vampiro es el enemigo íntimo, figura diabólica que divide las propiedades mesiánicas para negativizarlas.

La misa, que no hace sino recordar que el banquete mesiánico de la comunidad primitiva así como del *Corpus Christi* de la Iglesia en su conjunto, constituye en todos sus aspectos un sacrificio ritual donde se pone en juego, precisamente, la sangre de Cristo como bien lo ha entendido la larga tradición de los debates medievales sobre el punto (LUBAC, 2010) y donde el cuerpo de Cristo es, precisamente, sustituto del cordero místico del acto sacrificial fundante de la cristiandad. Sin embargo, se trata de un sacrificio revertido, pues la resurrección restaura lo que el rito primero había quitado. Por esta razón, cuando, hacia el año 1208, la Iglesia polemizó contra los valdenses, no dejó de recordar:

> [Cristo] murió con verdadera muerte de su cuerpo, y resucitó con verdadera resurrección de su carne y verdadera vuelta de su alma a su cuerpo (*resurrexit vera carnis suae resurrectione et vera animae ad corpus resumptione*); y en esa carne, después de que comió y bebió, subió al cielo y está sentado a la diestra del Padre y en aquella misma carne ha de venir a juzgar a los vivos y a los muertos. (*Carta* Eius exemplo *al arzobispo de Tarragona*, en: DENZINGER, 1911: 422).

Si la resurrección de Cristo es considerada un auténtico dogma, vale decir, una proposición jurídico-teológica con fuerza-de-ley, el estatuto de la sangre del Mesías no es menos un objeto privilegiado del Derecho como lo muestra una Bula de Clemente VI del año 1343:

> Esa sangre sabemos que, inmolado inocente en el altar de la cruz, no la derramó en una gota pequeña (*non guttam sanguinis modicam*), que, sin embargo, por su unión con el Verbo, hubiera sido suficiente para la redención de todo el género humano, sino copiosamente como un torrente (…) para que en adelante, la misericordia de tan grande efusión no se convirtiera en vacía, inútil o superflua, adquirió un tesoro para la Iglesia militante (*thesaurum militanti Ecclesiae*), queriendo el piadoso Padre atesorar para sus hijos. (Bula *Ungenitus Dei Filius*, en: DENZINGER, 1911: 550).

Resulta entonces elocuente que, habiendo podido una gota de sangre mesiánica salvar a toda la Humanidad, el Cristo elige el derramamiento total de su sangre pues, de otro modo, no habría habido sacrificio ritual. Por otro lado, como ha sido señalado, en el vampirismo no vale tanto la sangre por sí misma sino como "robo de fluido vital" presente en el sacrificio (AMBELAIN, 2015: 46). Por esta razón, no se puede disputar, sin caer en herejía, este acto de auto-inmolación salvífica de Cristo:

> Por autoridad apostólica estatuimos [que no] sea lícito en adelante disputar, o predicar pública o hablar privadamente (…) si es herejía o pecado sostener o creer que la misma sangre sacratísima (*sanguinem ipsum sacratissimum*), como antes se dice, durante el triduo de la pasión (*triduo passionis*) del mismo Señor nuestro Jesucristo, estuvo o no de cualquier modo separada o dividida de la misma divinidad. (Bula *Ineffabilis summi providentia Patris*, en: DENZINGER, 1911: 718).

Así lo estatuía por Derecho Paulo II en 1464 en disputa con los frailes menores. Ahora bien, la Pasión es precisamente el derramamiento sacrificial de la sangre. De allí, entonces, que en la misa exista una presencia real y sustancial de la sangre en la eucaristía pues debe admitirse, según el Canon, que la sustancia del pan se convierte en el cuerpo así como la del vino en la sangre de Cristo. Dicha conversión (la *metabolé* griega transformada ahora en *conversio*) llevará luego el nombre técnico de transustanciación, que tiene la sutileza de indicar que la inmolación ahora es sacramental, vale decir, incruenta para el Cristo que, de lo contrario, debería sufrir un tormento en cada ocasión eucarística.

Al mismo tiempo, el término "transustanciación" busca preservar a los fieles del acto consciente de comer la carne del Mesías o tomar su sangre pues el acto caníbal y vampírico es obliterado en tanto y en cuanto los accidentes de la hostia y el vino permanecen inalterados mientras que muta la sustancia que resulta inaccesible a los sentidos físicos humanos. Este punto, ampliamente desarrollado por la tratadística tomista, afecta de igual manera a las reliquias que, durante toda la Edad Media, algunas iglesias decían poseer de aquella sangre divina:

> Toda la sangre que fluyó del cuerpo de Cristo (*totus sanguis qui de corpore Christi fluxit*), por pertenecer a la realidad de su

naturaleza humana, resucitó en el cuerpo de Cristo. Y la misma razón vale para todas las pequeñas partes que pertenecen a la realidad e integridad de la naturaleza humana. Y la sangre que en algunas iglesias se guarda con cuidado como reliquia, no fluyó del costado de Cristo, sino que se dice que brotó milagrosamente de alguna imagen de Cristo golpeada (*non fluxit de latere Christi, sed miraculose dicitur effluxisse de quadam imagine Christi percussa*). (Tomás de Aquino, *Summa Theologiae*, III, q. 54, a. 2, ad. 3um).

La posibilidad, como vemos, debe ser rechazada pues no es posible establecer división en la corporalidad del Mesías y nada de su sangre puede haber permanecido en la Tierra luego de su sacrificio puesto que, de otro modo, la integridad de su divina corporalidad se vería directamente comprometida junto con la unidad de la Iglesia militante que podría venerar, curiosamente, trozos de un cuerpo sacrificado dando así un paso que ni los antiguos hubieran osado atravesar.

Más aun, semejante prospectiva podría poner en entredicho la capacidad divina de agregar las partes desagregadas de un cuerpo puesto que, en esta capacidad precisa, reside la factibilidad de la resurrección de todos los cuerpos. Como lo decía ya un afamado obispo del siglo IV: "(…) la potencia divina, en la superioridad de su poder reúne aquello que estaba desagregado [y] la resurrección no es otra cosa que la restauración de nuestra naturaleza a su estado originario" (Gregorio de Nisa, *Sobre el alma y la resurrección*, 131-133). En la misma dirección, la tratadística moderna ha establecido como indisociable el problema de los Ángeles, la resurrección de Cristo y su simetría inversa en el vampirismo (Burnet, *De Statu Mortuorum Et Resurgentium*, 1726: 124-160).

Si no fuera por todas estas precauciones que llevaron siglos de laboriosa orfebrería intelectual, se podría pensar que la misa sería una suerte de comunión de fieles que no serían sino vampiros bebedores de la sangre de su líder resurrecto. Ahora bien, lo que intenta sustraer a Jesús de ser el primer vampiro cristiano es, precisamente, su sacrificio salvífico mientras que su doble, el enemigo íntimo que es el Vampiro, produce un auténtica contra-iniciación, vale decir, una misa negra que negativiza la salvación, expande la muerte y hace de la sangre el centro del ritual de supervivencia de su especie.

Aun así, estamos en presencia de un caso de complementariedad alterna donde la sangre del Mesías encuentra su negativo en la del Vampiro, donde la resurrección salvífica es anticipada por la resurrección demoníaca. En este sentido, la fuerza divisiva del Diablo no hace sino desafiar al Padre en el terreno mismo del cuerpo y de la sangre donde se juega el sentido profundo de la Iglesia como cuerpo místico de Cristo.

En otros términos, todos los fieles son un solo cuerpo porque beben de la sangre de Cristo y esto los transforma en sustancia de una misma corporalidad. Así pues, a diferencia del caso del Anticristo, con el Cristo y el Vampiro no se trata de gemelidad sino de in-corporación y completa identificación en el Uno (en el caso del Cristo) o con la división perpetua (en el caso del Vampiro y el Diablo). Desde esta perspectiva, el Universal lógico-ontológico del *Corpus Mysticum* es el auténtico sostén de la teología política.

En ese sentido, donde la Iglesia produce un cuerpo místico, el Vampiro produce un cuerpo sensible pero, antes de la Historia y durante los interminables eones del siglo, ambas estructuras se co-pertenecen de un modo que tenazmente ha escapado al escrutinio de los teólogos que tratan, en casi todos los casos, de evadir esta urticante evidencia. Por ello, si de sacrificio y sangre se trata tanto para el Cristo como para el Vampiro, quizá sea necesario adentrarse en la archi-huella que esa sangre ha dejado de otros actos que, siendo mucho más antiguos, han estructurado el sistema de valores de la teología política cristiana desde sus inicios.

— 3 —

En efecto, la escatología cristiana puede ahora ser leída bajo una nueva luz. Se podría decir que el tiempo del fin no es otra cosa que, precisamente, la abolición del Vampiro como sombra sangrienta del Mesías. Como señala en un texto fundamental Juan Escoto Eriúgena,

> Y así a esto debe agregarse que la naturaleza humana ya fue liberada del pecado original (*originali peccato*), pero ni de manera general en todos (*in omnibus communiter*) ni especialmente en cada uno (*in singulis specialiter*) se realizó de modo efectivo la abolición (*abolitio*) y la perfecta eliminación (*interemptio*). Pues esto se reserva para la última victoria en el fin del mundo (*in fine mundi*), cuando, como dice el Apóstol, "la muerte será destruida como el último enemigo" (1 *Corintios*, 15, 26). En tanto será universalmente destruida la muerte —que es nombrada con el sustantivo masculino "último enemigo" (*novissimus inimicus*) porque en griego *thánatos*, o sea la muerte, es de género masculino— necesariamente el motivo de ella, el pecado original, será completamente destruido de la naturaleza humana (*humana natura*). (JUAN ESCOTO ERIÚGENA, *Commentarius*, I, 33).

Como puede apreciarse, el enigmático *katéchon* de la *Segunda Carta a los Tesalonicenses* que detiene y dilata la llegada del fin del mundo y el tiempo novísimo, realiza la perpetuación de la función vampírica que amenaza el Reino de Cristo sobre la Tierra. La escatología cristiana, en realidad, es una ciencia de la convivencia con la sombra acechante del Vampiro: mientras el tiempo histórico no alcance su punto crítico escatológico, no habrá posibilidad alguna de que la comunidad eclesiástica pueda abandonar el sacrificio de la sangre. De allí también la perpetuación en el siglo presente de los sacrificios por la sangre, pues la escatología ha sido indefinidamente aplazada y los pueblos de la Tierra se hallan abrazados por la muerte sin pausa que no encuentra redención. En términos de la *scientia politica*, se traduce como el tiempo de la guerra civil mundial que hoy azota al orbe terrestre sin tregua ni esperanza del final. El vampirismo sacrificial, como un esoterismo cripto-cristiano nihilista, gobierna los destinos de los pueblos.

Carl Schmitt sostenía que la teología política cristiana se apoya, primordialmente, sobre el decisionismo soberano del Dios, legislador omnipotente, que aseguraba en el Orden (*Ordnung*) y tenía la prerrogativa de enunciar el estado de excepción (*Ausnahmezustand*) como cualidad intrínseca de su poder (SCHMITT, 2009). Así, esta concepción no deja de acentuar los aspectos lógicos del fenómeno jurídico haciendo del Derecho un ámbito de la decisión y una dialéctica entre la regla y la excepción. No obstante, la teología política cristiana no tenía esta concepción lógica de la soberanía.

Muy por el contrario, la soberanía divina se asentaba sobre el sacrificio ritual del Hijo mesiánico y la comunidad del banquete sagrado donde cada individuo pasa a formar, literalmente, parte del cuerpo de la Iglesia mediante la ingesta de la sangre sacratísima en la eucaristía de la asamblea reunida. Por lo tanto, todo el Derecho medieval es una cuestión de carne y sangre, sacrificio y corporalidades resurrectas. Sin esta dimensión material del Derecho, se opaca completamente la comprensión de la auténtica naturaleza del fenómeno jurídico medieval y, sobre todo, el sentido de la secularización moderna que este conlleva.

Ahora bien, el vampirismo es, desde esta perspectiva, el exacto inverso del Derecho. Siendo una teología política negativa, representa el auténtico secreto de la anomia que reside en el centro de todo estado de excepción. La suspensión de la regla no deja al descubierto un vacío sino que permite la manifestación del Vampiro como el enemigo íntimo que, como una sombra, ha acompañado siempre al Cristo resurrecto, incluso desde tiempos mitopoiéticos inmemoriales puesto que, finalmente, todo Vampiro no es sino una especie de realización de un contra-Derecho diabólico (el ritualismo jurídico-religioso vampírico es, incluso, mucho más escrupuloso que el de los humanos).

En cierto modo, el Vampiro recuerda el carácter sacrificial que persigue a toda Ley desde el inicio de los tiempos cuando Dios aún

no había creado a los humanos pero tenía entre sus filas al Ángel
caído que construía un imperio negativo y anticipaba, en cierta
forma, las más tenebrosas formas del sacrificio como obtención
del poder sobre la vida. De esta forma, no sería exagerado afirmar
que el sacrificio y resurrección de Cristo es casi una respuesta
obligada, dentro de la estructura mítica, que Dios debe hacer ante
la presencia del Vampiro con el cual el Diablo ya había conquistado
el reino de la vida y la muerte.

Dentro de esta perspectiva resultan de enorme utilidad las
osadas hipótesis de James George Frazer según las cuales el
sacrificio de Cristo responde, en su realidad profunda, a una
representación sagrada del *Purim* hebreo a partir de las narraciones
del *Libro de Ester*. Para los fines de nuestra argumentación no
interesa aquí adentrarnos en los pormenores filológicos de la
interpretación de Frazer sobre esta fiesta carnavalesca que pone
en escena la muerte de Amán según las órdenes del rey Asuero de
Persia. En cambio, lo que resulta de enorme interés para nuestra
indagación es el hecho de la proyección cronológico-geográfica que
Frazer otorga al fenómeno pues, con su interpretación, el sacrificio
de Cristo deja de ser un *unicum* para integrarse a un conjunto
mucho más vasto en una serie de fenómenos estructuralmente
análogos:

> Hemos visto que la concepción de un dios muriente y resurrecto
> no era nueva en estas regiones. Por toda el Asia occidental, desde
> tiempos antiquísimos, la triste muerte y la jubilosa resurrección
> de un ser divino parece haber sido celebrada anualmente con
> ritos que alternaban amargos lamentos y alegría exultante; a
> través del velo que la fantasía mítica generaba entorno a esta
> figura trágica podemos todavía reconocer los rasgos de grandes
> cambios anuales en la tierra y en el cielo; estos últimos, de hecho,
> bajo todas las diversas estirpes y religiones, no pueden sino
> tocar el corazón natural del hombre con emociones alternas
> de contento y displacer, ya que exhiben la lucha misteriosa

entre la vida y la muerte en la escala más vasta abierta a nuestra observación. (FRAZER, 2007: 102-103).

La fineza hermenéutica de Frazer acierta en lo esencial: con el sacrificio de Cristo no es posible contentarse, a la hora de la explicación, con los límites temporales del cristianismo pues el fenómeno es una archi-huella, expandida en las más diversas áreas geográficas desde tiempos inmemoriales, de oscuros ritos que ponen en juego, precisamente, una zona nunca esclarecida que el propio Frazer, a falta de una expresión mejor, ha denominado la "lucha misteriosa entre la vida y la muerte". Para poder encontrar mayor precisión filosófica a esta intuición de Frazer deberemos optar por ampliar aun más nuestra escala de observación puesto que, con el vampirismo y la licantropía, parece que debemos medirnos con los problemas filosóficos más acuciantes en el despertar de la vida sobre la Tierra.

B

PROLEGÓMENOS PARA UNA ONTOLOGÍA ANALÉPTICA

PALEOVIROLOGÍA FILOSÓFICA

El Hiper-letrismo

Aunque siempre se trata de un terreno disputado, la biología aún sigue clasificando a los seres vivos en tres dominios centrales siguiendo, con las modificaciones contemporáneas pertinentes, la intuición de Ernst Haeckel sobre el árbol de la vida que ya había desafiado la hasta entonces imperante división plantas/animales: ahora, las denominaciones son *Archaea* (microorganismos sin núcleo ni organelas), *Bacteria* y, finalmente *Eukarya* (es decir, plantas, hongos, animales y humanos).

En efecto, "las caracterizaciones moleculares también revelan que las diferencias evolutivas entre *eubacteria*, *archaebacteria* y *eukaryotes* son de una naturaleza más profunda que aquellas que distinguen reinos tradicionales, como los animales y las plantas, unos de otros" (Woese – Kandler – Wheelis, 1990: 4577). Sin embargo, dentro de este esquema, los virus han puesto en entredicho todo lo conocido pues, debido a la estructura de algunos megavirus, se ha podido avanzar la hipótesis de que los virus provienen de una rama hasta ahora desconocida del árbol de la vida que podría situarse entre los *Archaea* y los *Eukarya*. Podría tratarse, en este caso, de un ancestro común a los tres dominios.

Si esta hipótesis es correcta, sería posible mostrar cómo los virus tuvieron su origen en forma independiente de la célula viva primordial como *Ur-phaënomenon* de la vida, ya sea en forma autónoma o como reducción de archi-células ya extintas que precedieron, en la Tierra, al surgimiento del ancestro celular común de todas las células hoy conocidas. En este escenario es de enorme importancia la paleovirología entendida como el "estudio de virus antiguos que los genomas de los primates encontraron y derrotaron durante el curso de la evolución" (EMERMAN – MALIK, 2010: 4) aun cuando su retorno pueda reinfectar a los humanos modernos.

De hecho, los *bornaviridae*, que se encuentran también en el genoma humano, pueden datarse de una antigüedad superior a los 65 millones de años (HORIE – TOMONAGA, 2018: 2-9; DREXLER – CORMAN – DROSTEN, 2014: 45-56). Sin embargo, resulta entonces de la máxima relevancia que los virus preceden a las formas de vida sobre la Tierra (aun a través de un antepasado común) y, de este modo, sean el auténtico habitante primordial del espacio geodésico anterior a las formas de vida bacterianas y eucariotas. También resulta decisivo que los virus co-evolucionen en sus huéspedes naturales, aunque puedan producir afecciones graves si se hospedan, en cambio, en otros organismos para los que no estaban biológicamente destinados como puede ser el caso, en el mundo contemporáneo, de la transmisión patogénica a partir de murciélagos vampiros (BLACKWOOD – STREICKER – ALTIZER – ROHANI, 2013: 20837-20842). Aun así, el aspecto parasitario-vampírico de los virus resulta insoslayable.

Los biólogos utilizan el acrónimo de LUCA para referirse al ancestro común de todas las células modernas pudiendo, incluso, haber sido acelular. Ahora bien, como ha sido observado, "la conclusión de que los virus no están vivos es prematura. Lo mismo puede decirse sobre las proposiciones acerca de su naturaleza como seres vivos" (HARRIS – HILL, 2021: 3). Como puede verse, los biólogos admiten desconocer la naturaleza ontológica de los virus y les resulta imposible decidir si colocarlos como entidades bióticas o abióticas. Aunque se reconoce que los virus de ARN pueden haber precedido a LUCA, y son las entidades biológicas más abundantes de la Tierra sin los cuales la vida sería imposible, es dado también señalar que los virus son "entidades biológicas en evolución que han co-evolucionado con la vida celular" (HARRIS – HILL, 2021: 14).

Desde esta perspectiva, resulta decisivo admitir que los virus deben ser aprehendidos en una dimensión ontológica que los sitúa allende la división entre lo vivo y lo no-vivo y, en ese sentido, son la matriz misma de las entidades que han posibilitado la vida y la muerte, pues su fisionomía metafísica, ni vivos ni muertos, son la condición biológico-trascendental de posibilidad de toda vida como propagación evolutiva de un vampirismo primordial sin el cual ninguna forma de vida hubiese prosperado sobre la Tierra. Por ello mismo, tampoco debe ser olvidada la admonición según la cual "la evolución es una carrera armamentística, un ping-pong siempre fluctuante entre los huéspedes portadores y los organismos de los que se alimenta, y los ciclos en espiral de la lucha por la existencia (*struggle for existence*)" (RUTHERFORD, 2016: 125).

Esta ambigüedad biológica de los virus ha llevado a que sean clasificados como "los ángeles oscuros de la evolución" según una sugerente expresión de David Quammen. De hecho, en su evolución la vida humana misma le debe notables propiedades a los virus como, por ejemplo, el desarrollo de la placenta a partir de una infección viral sobre los mamíferos que puede remontarse hasta 150 millones de años. En efecto, los genes que intervienen en la formación placentaria, el gen de la sincitina-1 y de la sincitina-2 poseen un claro origen viral. Esta es sólo una muestra del hecho incontrovertible de que al menos el 8% del genoma humano está constituido por ARN retroviral con lo cual, toda vida humana es ya "vida vampirizada" por los virus y la huella de ese canibalismo simbiótico primordial es constatada en nuestros genes actuales por los paleovirólogos.

Como todo fenómeno vampírico, la acción de los virus determina el hecho de que no existe ningún tipo de "pureza biológica" propia de lo humano, pues los virus son ya la marca de la hibridación esencial que preside sobre toda la rama evolutiva humana. También en el sentido molecular es posible afirmar que jamás hemos sido humanos pues somos el resultado de una "función vampírica" primordial en la cual los seres humanos, en su identidad genética, son ya unos seres de naturaleza viral latente. La posthumanidad, desde esta perspectiva, no es más que la condición originaria de la vida pues lo humano es sólo una ficción de la razón ilustrada. *Mutatis mutandis*, jamás transcenderemos la humanidad hacia una condición ulterior por la sencilla razón de que, para empezar, jamás hemos sido humanos.

— 2 —

Con la epidemia del SARS del año 2002, los científicos se permitieron la legítima hipótesis (que las Humanidades de hoy en día ni se habrían atrevido a formular) según la cual "con respecto al brote de SARS, se puede sostener prima facie una posible incidencia espacial" (WICKRAMASINGHE – WAINWRIGHT – NARLIKAR, 2003: 1832). Dicho en otros términos, los virus podrían tener un origen extraterrestre. Los argumentos no tardaron en acumularse en contra de una posible panspermia exo-geodésica (WILLERSLEV – HANSEN – RONN – NIELSEN, 2003: 406; PONCE DE LEÓN – LAZCANO, 2003: 406-407; BHARGAVA, 2003: 407). Sin embargo, el argumento de que las "enfermedades virales podrían tener un origen no-terrestre" asumió las objeciones y sus defensores respondieron en cuidadosas refutaciones que mantienen al debate en plena vigencia (WAINWRIGHT, 2003: 407).

Sin necesidad de pronunciarnos ahora sobre los pormenores de este debate, lo cierto es que los biólogos han reconocido que "una fuente adicional muy importante de materia orgánica son los compuestos carbonáceos venidos del espacio, de cuya descripción e investigación se ocupa la bioastronomía" (LUISI, 2006: 47). Además, "la similitud de las moléculas venidas del espacio y las de la Tierra es ciertamente llamativa, y evidencia la unidad química básica del universo" (LUISI, 2006: 48).

De esta manera, ni siquiera hace falta colocar la pertinente atención únicamente sobre los remotísimos virus, pues los componentes mismos de toda posibilidad de existencia biológica corresponden a una estructura química exo-terrestre. Este palmario hecho muestra que, por definición, toda forma de vida es foránea a la Tierra, la existencia es exógena al ecosistema de Gaia y, por ende, se perfila como una importación proveniente del cosmos más allá del núcleo geodésico de nuestro hábitat.

— 3 —

La insuficiencia de la prehistoria para explicar los ritos que se esconden detrás del vampirismo o la licantropía y la necesidad de avanzar más allá hasta los dominios propios de la biología traspasando así las fronteras de la cultura, ha sido entrevista por el gran filólogo alemán Walter Burkert: "los biólogos sostienen que cada uno de nuestros sentimientos espontáneos puede ser considerado como el reflejo de alguna función biológica" (Burkert, 1996: 18).

Sin duda, debemos al maestro de Burkert, el inigualable filólogo Karl Meuli, las investigaciones más perspicuas que el siglo XX haya ofrecido sobre las profundas relaciones isomórficas que enlazan las religiones greco-romanas con los cazadores de la prehistoria. Meuli explica el sacrificio griego como una derivación del culto a los muertos y del banquete común del *démos* que sólo resulta comprensible gracias al zócalo prehistórico que aportan los cazadores-recolectores de la prehistoria (Meuli, 1975, II: 907-1022). En esta dirección, Meuli fue un pionero en observar estas analogías estructurales entre el sacrificio griego y los cazadores del Paleolítico como resultado de reacciones psicológicas primordiales que serían transmisibles a la especie humana gracias a un análisis basado en hipótesis sostenidas en el evolucionismo biológico.

Walter Burkert, no cabe duda, debe sus hallazgos fundamentales a la obra de Karl Meuli. Al mismo tiempo, la ha desarrollado en nuevas direcciones y ha profundizado caminos inexplorados. La perspicacia del estudioso es lo suficientemente osada como para cobrar plena conciencia de que lo que se halla en juego, se encuentra también más allá de la explicación sostenida en el lenguaje: "la organización biológica del cerebro y otros sistemas cibernéticos de los seres vivos existió mucho antes que la cultura verbalizada" (BURKERT, 1996: 21). En ese sentido, todo el esquema afectivo humano es una especie de programa de secuencias heredado del remoto pasado. Ahora bien, en este punto, lo que resultaba una contribución enriquecedora se esteriliza de inmediato al considerar al cerebro y otros sistemas biológicos como sucedáneos de la cibernética.

A pesar de ello, como el filólogo mismo reconoce, "esto no significa que los genes prescriban la cultura; claramente, no lo hacen. Pero podría decirse que dan recomendaciones que se tornan manifiestas en la repetición de patrones similares" (BURKERT, 1996: 22). En este sentido, Burkert evita caer en simplificaciones rústicas que podrían querer buscar el origen de la religión en la genética y, por esta razón, se remite a un camino que lo lleva a sostener las bases biológicas y anti-psicológicas de los sentimientos que serían el fundamento del fenómeno religioso: "la ansiedad (*anxiety*), el miedo (*fear*), el terror (*terror*) no son simplemente emociones que flotan libremente provocadas por la fantasía psicológica. Tienen claras funciones biológicas en la preservación de la vida" (BURKERT, 1996: 31).

El intento, con todo, resulta completamente vago y encalla en razón de sus propias premisas pues no se trata de buscar patrones estables producidos por emociones biológicas transmisibles en la cadena de la filogénesis; una posición que, con sus diferencias, no está tan alejada de lo que Aby Warburg sostenía con su intrincada bio-antropología físico-histórica del *Nachleben* (supervivencia) a través de la noción de *Pathosformel*. Al contrario, es necesario adentrarse en el horizonte último de la biología para descubrir, en el laberinto codificado del genoma, aquello que fagocita toda posibilidad de la vida como fundamento (*Grund*) de la *ortopraxis* ritual del vampirismo o la licantropía.

Una vez más, la búsqueda del sustrato biológico último nos llevará, en cierta forma, más allá de las posibilidades mismas del reino de la vida para dar cuenta de la materia vampírica que ya había mostrado su impermeabilidad para ser aprehendida con una explicación meramente histórica. Llegados a este punto, sólo un abordaje filosófico de este abismo puede otorgar alguna perspectiva en un ámbito tan inexplorado como recóndito.

— 4 —

No hay determinismo biológico de los genes sino, más bien, una propensión o una proclividad a recordar no el código genético en tanto que delinea un aparente destino con su letra sino, al contrario, el acto originario que excede toda información, causa intermitencias en la biología y va en busca del sentido: se trata, nada menos, que del vampirismo del virus, de la sangre como recordatorio del operador metafísico que unía al mundo de lo material y lo inmaterial bajo la égida de Necesidad, del sacrificio como símbolo o archi-huella de la relación primordial con la vida que se entrega a sí misma al Otro viral y a lo extraño cósmico por excelencia.

En efecto, como ha sido agudamente señalado, cada viviente constituye, en cierto modo, el microcosmos del planeta Tierra en su conjunto macrocósmico: "somos el planeta en razón de muchos otros seres: por las bacterias, los hongos y los virus que viven en nuestros cuerpos" (COCCIA, 2020: 155). Desde el punto de vista de la materialidad sustancial, un cuerpo no es otra cosa que un agregado de entidades múltiples y, bajo el ángulo de su identidad fenoménica, es una ilusión de integridad física que sólo puede tener lugar como efecto retrospectivo que, gracias a la analepsis que irrumpe en el Ser, permite que los vivientes se imaginen como contornos autónomos.

Dicho en otros términos, existe una equivalencia estructural entre el dominio viral *Archaea* y el vampirismo pues en ambos casos se trata de regiones ontológicas que indistinguen las nociones de vida-muerte. Por ello, todo vampirismo es una rememoración perpetua, en el nivel microfísico y en su expresión macro-civilizacional, de la archi-huella pre-*Archaea* en el conjunto de la vida sobre la Tierra. Del mismo modo, la metamorfosis y el canibalismo sacrificial son los operadores que actúan de discriminantes originarios que han instituido, precisamente, esa distinción antes inexistente para permitir el fluir de de la vida y el pasaje y comunicación entre las diferentes regiones ontológicas de lo existente.

Las nuevas biotecnologías y la *Artificial Intelligence*, en ese sentido, pretenden intervenir sobre los discriminantes de la vida-muerte y, en ese orden de cosas, si tienen éxito, una nueva metafísica emergerá como resultado del proceso. La ontología analéptica intenta mostrar que la ligazón entre el vampirismo viral, la metamorfosis y el sacrificio nunca fue de carácter necesario sino el resultado de la contingencia de un anundamiento que podía ser intermitente e interrumpido también. Si esta posibilidad se radicalizara en el futuro, la ontología analéptica podría retrotraerse eidéticamente hacia el dominio pre-*Archaea* para volver a sopesar un nuevo camino para la vida-muerte que, superando las aporías biotecnológicas, le permita a la filosofía recuperar un terreno de reflexión sobre los primeros principios que nunca debería haber cedido en la especulación metafísica.

— 5 —

De un modo inesperado, el mundo contemporáneo ha obligado a la teología política a alcanzar un punto culminante y, tal vez, su final o la tan temida liquidación que Carl Schmitt intentaba, por todos los medios, conjurar. Esta nueva situación se debe a que no existe sinonimia entre el *Lógos* y la letra del genoma que ahora gobierna el sistema de la vida. La letra de la ciencia era, todavía, letra filológica, vale decir, humanista que podía aún establecer una compleja dialéctica de compensaciones entre vida y muerte con el Espíritu (Ginzburg, 2021). En cambio, la letra del genoma es discreta e informacional. Se trata, entonces, de una contra-teología que supone una nueva divinidad secuencial-informacional.

En este aspecto, se pueden medir los límites de la deconstrucción derrideana al enfrentarse al problema de la vida y la muerte. La osadía del gesto de Jacques Derrida encalla inmediatamente en lo esencial al no percibir que la noción de textualidad es del todo inoperante para el tratamiento del código genético de la vida informacional: "el texto no es un tercer término en la relación entre el biólogo y lo viviente; es la estructura misma de lo viviente en cuanto estructura común al biólogo –en cuanto viviente–, a la ciencia en cuanto producción de la vida, y a lo viviente mismo" (DERRIDA, 2021: 141). Es cierto que ya la gramatología había establecido que la cibernética habría de ser "un campo de la escritura" (DERRIDA, 1967: 19). El no haber percibido que la genética y la cibernética colocaban a la filosofía ante el fin del grama hace que la empresa de la deconstrucción no pueda siquiera tocar el problema del Anti-Texto que el Contra-Signo informacional trasporta como código alterando así toda la historia de la metafísica hasta el zócalo de nuestro presente.

Por esta misma razón, cae también la noción de *Psyché* arrastrada por el triunfo del genoma. Toda ciencia de la psiquis exige ahora una instancia de la letra no filológica ni lingüística y que se aproxima, en cambio, a la codificación propia del genoma. En este sentido, la letra genómica no es un significante sino una especie de signo-informante, un info-signo biotécnico que es, ciertamente, archi-huella de la vida pero no ya de la vida vivificante de un *Lógos* sino de la secuencialización de un programa de información. En ese contexto, el archi-signo del gen consagra también el fin de la escritura como sustento de la *Psyché* abolida y señala el final ineluctable de la era humanista. En cierta forma, la *Psyché* que hasta ahora los seres vivientes han experimentado se ha convertido en una suerte de Atlas psico-cósmico de una arqueo-psique que ya ha sido completamente despotenciada. ¿Cuál es la nueva geografía metafísica de *Psyché* en el nuevo Eón? ¿Cómo se relaciona con los vivientes? De hecho, ¿tiene todavía sentido hablar de *Psyché* para designar lo que, hasta ahora con mayor o menor fortuna se quería abarcar con la utilización de dicho nombre cuando su referente, aun con límites conceptuales variables, corre el albur de haberse evaporado bajo el zócalo de nuestro presente?

— 6 —

En 1972 Claude Lévi-Strauss impartió una conferencia magistral en el Barnard College donde rindió homenaje a Virginia Gildersleeve y a Gladys Richard por cuya mediación el antropólogo francés tuvo acceso a las reuniones del Círculo Lingüístico de Nueva York. Ciertamente, el texto de la conferencia es prácticamente soslayado por los estudiosos y, sin embargo, resulta de una relevancia incomparable dentro de la obra de Lévi-Strauss pero también de todo el conjunto del campo estructuralista. Sin duda, en esa conferencia Lévi-Strauss enunció, sin ambages, lo que podríamos denominar la versión maximalista del programa estructural.

Dicho programa incluye la superación de la oposición *physis/nómos* en atención a juzgarla inexistente puesto que, autorizándose en la lingüística, Lévi-Strauss pretende demostrar la identidad fundamental de la Letra como lazo de unión entre la naturaleza y la cultura las cuales, a su vez, no serían sino la expresión de las modalidades de una misma unicidad. Así Lévi-Strauss señala:

> Las disposiciones estructurales no son un mero producto de las operaciones mentales: los órganos sensibles también funcionan estructuralmente y, exteriormente a nosotros, podemos encontrar estructuras en átomos, moléculas, células y organismos (…) Cuando la mente procesa datos empíricos, que recibe ya preparados, tras un primer procesamiento en los órganos sensibles, lo que hace es ordenar estructuralmente lo que desde el principio era ya estructural. Y esto le es posible hacerlo por cuanto la mente, el cuerpo al que pertenece la mente y las cosas que el cuerpo y la mente perciben son parte y parcela de una misma y única realidad. (LÉVI-STRAUSS, 1974: 41-42).

Sin duda, para Lévi-Strauss, formado en el paradigma letrista heredado de las Humanidades, la fonología y la fonética eran las ciencias inspiradoras así como rectoras de la antropología que permitían identificar esta unicidad primordial de todo cuanto existe: tal era el poder que por entonces se creía podía tener el lenguaje como estructura.

En un libro tan brillante como admirable, se ha podido sostener que los dualismos entre la materia y la forma, el sujeto y el objeto, lo sensible y lo inteligible estaban, en el fondo, ya superados por las filosofías panteístas de David de Dinant, Giordano Bruno, Tommaso Campanella o Spinoza, entre otros (DATTILO, 2021). Aunque la hipótesis no deja de ser pregnante, resulta insuficiente puesto que no toma en cuenta que, en todos los casos mencionados, los autores concernidos tratan sobre la *physis* en el sentido antiguo del término como naturaleza determinada por un cosmos, a la vez micro-sensible y macro-idealista, cuyas propiedades se interpenetraban mutuamente en la inmanencia de la vida. Por esa razón, las dualidades aludidas tienen su lugar dentro de la propia *physis* y no hay un Afuera auténtico. La pertenencia de esta visión a la antigua *episteme* está dada, precisamente, por la divinización de lo viviente, signo inequívoco de la Era en que los seres parlantes esbozaban todavía lazos con Gaia.

Al contrario, es necesario comprender que el estructuralismo se ha medido con una mutación epistemológica, propia del siglo XIX en adelante, en la que todas las divisiones dualísticas de la naturaleza divinizada antigua son agrupables bajo el nombre de *physis* frente a un *nómos*, dominio de lo artificial que supera incluso a la concepción de lo fabricado por el ser viviente en Platón (quien, justamente, intentó hacer pasar lo artificial como un sub-producto de la arquitectura idealista del supra-mundo, vale decir, de la propia *physis*).

Aún con temporalidades que no son netas sino mestizadas, el Humanismo renacentista ha visto nacer la Letra como instancia de

sutura entre la *physis* y el *nómos* que es la Gran Fractura originaria
y, al mismo tiempo, la cesura que el mundo moderno hizo más
evidente que nunca al develarla como el abismo fundamental que
enfrentan los seres hablantes. La osadía del programa estructural,
justamente, ha sido su letrismo ateo y post-teofántico como
condición de lectura infraestructural de todo cuanto existe. En
lugar de la divinización del mundo (dimensión maximizada de la
phsyis) apostó por una textualización de la *physis* como auténtica
potencia de una Letra que ponía en evidencia, mediante su grafía,
el oculto sistema que integraba todo cuanto existía o podía existir
incluso o, sobre todo, dentro y más allá de la *physis* (maximalismo
del *nómos*).

En ese orden de cosas, Lévi-Strauss daba por completamente
superado cualquier dualismo entre naturaleza y cultura, realismo
e idealismo, cantidad y cualidad, cuerpo y mente, abstracto y
concreto, así como todos sus sucedáneos epistemológicos. Con
todo, la noción decisiva que articula la versión maximalista del
programa se organiza alrededor de las relaciones que teje la Letra
que no son otras que las operaciones que conducen al texto:

> Lo que aparece como inmediatamente "dado" no es ni lo uno ni
> lo otro, sino algo ya codificado tanto por los órganos sensibles
> como por el cerebro, *un texto*, que como todos los textos debe
> primeramente ser descodificado para poder ser traducido al
> lenguaje de otros textos. Es más, los procesos físico-químicos
> según los cuales el texto original fue codificado no difieren
> sustancialmente de los procedimientos analíticos de los que se
> sirve el cerebro para descodificarlos. (Lévi-Strauss, 1974: 44).

La *textualidad* (las itálicas en la cita pertenecen a Lévi-Strauss)
es el dispositivo en el que están escritas tanto la naturaleza
como la cultura, las moléculas, nuestro cerebro o una práctica
cultural: el científico, en ese punto, es un traductor de textos
inter-idiomáticos. Como puede apreciarse, la superación
del dualismo *physis/nómos* (y, en consecuencia, de todos los

dualismos filosóficos) que, en algunos ámbitos del pensamiento contemporáneo se enarbola como una premisa novedosa era, en verdad, el núcleo del programa estructuralista en su versión maximalista y, de esta forma, la idea no presenta ninguna buena nueva sino, al contrario, el sorprendente olvido del que ha sido objeto uno de los idearios epistemológicos más osados y fructíferos del siglo xx.

De esta forma, el cuestionamiento poco apropiadamente denominado "post-estructuralista" intentó mostrar nuevas propiedades de lo lingüístico y hasta nuevas nociones de texto que habían sido obliteradas por el estructuralismo clásico. No obstante, el paradigma post-estructuralista, aun en la contestación, no dejaba de anclarse en la Letra y todo el letrismo no es sino una forma tardía de la reflexión lingüística moderna.

Sin embargo, el auténtico ocaso del estructuralismo no se dio en manos de su versión póstuma sino, al contrario, de lo que aquí hemos denominado la hipótesis hiper-letrista de la biología molecular contemporánea. Esta última hiperciencia ya no se sostiene en la Letra lingüística y, radicalizando tendencias ya presentes en el propio estructuralismo clásico, ha terminado por liquidar la noción central de texto para reemplazarla por la de código informacional.

El Signo y la Voz, finalmente, cedieron su lugar al Info-signo y orden áfono de las codificaciones genéticas. Ya no es la Letra humanística la clave de la naturaleza, el universo, el cerebro o la cultura sino que, al contrario, todos estos postulados son explicables por el sustrato biológico del Info-signo. La biología es la nueva ciencia rectora una vez desposeída la lingüística de sus pretensiones de soberanía sobre las ciencias naturales y humanas reunificadas. Podría decirse que las Humanidades en su conjunto todavía no han hecho beneficio de inventario respecto de la subversión en el orden de los saberes que ha tenido lugar, pues de haberlo realizado ya se habrían dado cuenta de que están amenazadas de obsolescencia epistemológica.

La única vía de fuga de esta situación presente, no obstante,
está en aquello que tanto el letrismo del estructuralismo clásico
o del post-estructuralismo como el hiper-letrismo de la biología
molecular no han logrado captar, vale decir, que la Vida sólo puede
manifestarse como texto o como código, como Letra o como
Info-signo a condición de admitir que, en cualquiera de los dos
casos, lo viviente es determinado por una instancia tercera que lo
torna trascendentalmente posible.

El vampirismo y la licantropía han sabido conducirnos hasta los
remotos momentos en los que la Vida no existía y comenzó a fluir,
precisamente, cuando se tornó posible su exo-determinación por
parte de un vórtice inaprehensible que pone en contacto a la vida
con su propia exterioridad motora. Debemos, por consiguiente,
acercarnos al enigma de la objetidad inmaterial que hace que toda
vida se torne viviente, que el camino de su devenir pueda fluir
y que la historia de la metafísica de lo viviente pueda trazar su
camino. Se tratará, entonces, de demostrar el teorema según el
cual sólo un cierto tipo de plus-de-vida puede lograr que el acaecer
de lo viviente tenga lugar.

— 7 —

La noción latina de información (rastreable en el verbo *informo*)
como representación conceptual en el *anima* humana que involucra
el pensamiento (CICERÓN, *De natura deorum*, 2, 13) es la medida de
la ruptura epistemológica que el concepto conlleva, actualmente,
en su significación. Sin embargo, la lingüística, y junto con ella
todas las Humanidades, han introducido en su seno el uso del
término "información" sin un adecuado beneficio de inventario. El
resultado ha sido, precisamente, una de las causas del fracaso de
las Humanidades para su unificación como ciencias rectoras del
conocimiento. A pesar de que los estudiosos hoy parecen haberlo
olvidado (y, por tanto, creen encontrar novedades que ya han
sido analizadas antes y mejor), Raymond Ruyer llevó adelante una

fulgurante genealogía epistemológico-histórica de la cibernética y de la información en los momentos en que estas nacían.

Ruyer no tiene dificultad en demostrar la tesis de que la cibernética es la ciencia del gobierno por medio de la información en una combinación teórica de matemáticos (Nobert Wiener, John von Neumann), físicos y técnicos (Vannevar Bush, Julian Bigelow) así como fisiólogos y neurólogos (Walter Bradford Cannon, Warren McCulloch) que han definido el auténtico rostro de nuestro tiempo. No es casual, entonces, que el término haya sido tomado del griego *kybernetikés* que significa, precisamente, el arte de gobernar a los hombres.

Como indica Ruyer, "los órganos de los sentidos y los órganos nerviosos de los seres vivientes no serían en principio nada diferentes a las máquinas de los informáticos y del control informacional" (Ruyer, 1954: 6). Incluso llega a vislumbrar cómo despunta una nueva época, la que se suele llamar del algoritmo o de la *Artificial Intelligence*: "ha llegado el día. Las máquinas se informan las unas a las otras y se informan a sí mismas" (Ruyer, 1954: 7). En ese sentido, la información en cuanto concepto, jamás ha sido realmente definida por la cibernética y conforma su punto ciego. Ahora bien, no cabe duda de que "el sentido, la conciencia en la información no tiene nada de esencial; o dicho con mayor exactitud, el sentido de una información no es otro que el conjunto de las acciones que ella desencadena y controla" (Ruyer, 1954: 7-8).

Desde este punto de vista, la información no necesita de un pensamiento humano y prescinde de cualquier hermenéutica. De este modo, nos hallamos en las antípodas del antiguo conocimiento humanista. De allí que toda información comporte, tanto en el sistema binario como en los nuevos sistemas cuánticos, un "logaritmo de probabilidad" que conlleva una "entropía negativa" (Ruyer, 1954: 137-138) aun si, por supuesto, el "dominio micro-físico" donde "una molécula-virus encuentra el medio de repararse y reproducirse" puede diferenciarse de la información macroscópica sobre el compartimiento de los mamíferos (RUYER, 1954: 230).

Ruyer, finalmente, hace gala de una muy aguda percepción de cómo los problemas de la información cibernética se emparentan con estructuras teológicas que buscan construir un nuevo Absoluto que reemplace a la antigua divinidad omnisciente. En ese sentido, Ruyer creía que la cibernética estaba destinada a fracasar en sus postulados y propósitos pues la epigénisis ordenada y significativa de las estructuras así como la memoria y la invención son imposibles de absorber en la información (RUYER, 1954: 235-236).

La gigantomaquia teórica, en este aspecto, todavía sigue abierta entre filósofos y cibernéticos. No obstante, el triunfo de estos últimos parece cada día más asegurado aun si las consecuencias pueden conducir al fin del Humanismo y a la devastación de Gaia. Por ello resulta de crucial pregnancia utilizar una nueva ontología, sostenida en la analepsis metafísica, para dar cuenta de las estructuras de la vida y las razones por las cuales estas últimas pueden resultar, a largo plazo, inaprehensibles para la información. Excepto, por supuesto, que la Inteligencia consciente de silicio pueda fundarse sobre una realidad metafísica completamente inexplorada hasta el día de hoy, situación que lejos está de resultar inverosímil.

— 8 —

En el sistema neoplatónico y gnóstico que se esconde detrás del fascinante conjunto textual conocido como *Oráculos Caldeos* es posible hallar una noción capital que ha sido olvidada por la filosofía. Nos referimos al concepto de "iynges". Dentro de aquel sistema metafísico, el llamado "segundo intelecto" es la fuente que genera las "iynges" al pensarlas y, luego, estas entidades "piensan (*noesai*) ellas también" (DES PLACES, 1971: 77). Se trata, según el antiguo y erudito comentario de Miguel Psellos al texto, de "potencias (*dunámeis*) formadas en el abismo paterno" (DES PLACES, 1971: 185). Por medio de las "iynges", que son verdaderos "cebos"

(íugzin) o fuerzas con capacidad de encantar, se torna posible
enviar sueños proféticos a la humanidad a través de los démones
(*daímonas*) intermediarios (DES PLACES, 1971: 223) ejerciendo así
una suerte de poder mágico. De allí que una estudiosa moderna
las haya podido definir como "realidades ideales, formas inmóviles,
pensadas-pensantes" y, por tanto, entidades de la más conspicua
preeminencia (TAMBRUN-KRASKER, 2010: 5).

Por esta razón, el texto de Proclo que ha recibido el
título de *De Sacrificio et magia* establece que "la semejanza es
suficiente causa (*sufficiens causa*) para que las cosas se encadenen
mutuamente unas a otras (*ad res singulam inuicem uinciendas*)"
en una acción de ligazón que, según la doctrina de los *Oráculos
caldeos*, correspondería precisamente a las "iynges" (PROCLO, 1911:
5-11). Por cierto, no es casual que el título que a posteriori ha
recibido el texto de Proclo aporte una propiedad iluminante al
proceso: toda magia comporta, implícita o explícitamente, un rito
sacrificial y el encantamiento exige el precio de la vida que absorbe
en la unidad y cuyo encadenamiento presupone una interfaz de
vida-muerte, pues la singularidad sacrifica su entidad para sumarse
al Uno: la desmultiplicación de los entes inmanentes se paga con
las cadenas que, con sutil violencia mágica, lo unirán nuevamente al
Ser trascendente. Por esta razón, "los nombres mágicos utilizados
por los teúrgos para comunicarse con los poderes supramundanos
(*surpramundane powers*), son idénticos a los pensamientos del Ser
Supremo Trascendente" (LEWY, 2011: 134).

En este sentido, las "iynges" no son una propiedad inconsciente
ni pertenecen a la esfera del lenguaje. Al contrario, en cierta forma,
son la condición trascendental de posibilidad de todo inconsciente
y de todo lenguaje, pues en el comercio con ellas los vivientes,
y particularmente el viviente parlante, se juega el estatuto de su
propia hominización. De esta forma, las "iynges" son entidades
metafísicas del mundo exterior pero, como todo *Outside* es,
al mismo tiempo, un *Inside*, la división entre lo humano y lo
no-humano se torna ineficaz, pues los "cebos mágicos" del Ser son

exteriores a los humanos pero, por ello mismo, se manifiestan en su interioridad al producir, por efecto *après coup*, la forma misma de lo viviente.

Así, las "iynges" están en el pliegue mismo del Afuera/Dentro y son las entidades in-humanas que dan forma a todo aquello que llamamos "humano" y, por lo demás, a la serie de los vivientes en su totalidad. Visto de este modo, lo "humano" no ha existido propiamente jamás y todo ser parlante es ya un ente trans-humano por definición. No puede, de ese modo, superarse (como, por ejemplo, el *Übermensch* nietzscheano lo ha pretendido) aquello que nunca ha existido.

Ahora bien, si las "iynges" son lo que la filosofía neoplatónica ha calificado de entidades divinas del Segundo Intelecto, podemos extender la reflexión y llevarla a su extremo. Llegados a ese punto, debemos admitir que, siendo divinidades, las "iynges" son la causa que motoriza a todo lo viviente a trascender lo biológico para, precisamente, perpetuar el movimiento de la vida. Son el elemento in-humano que irrumpe en la biología para mostrar que nada biológico existe como pura materialidad y que el motor de todo cuanto vive, está formado por diversos dispositivos in-humanos, inmateriales, que hacen que la materia gire en su devenir.

Que los seres humanos se hayan visto convocados por estas potencias externas y llevados al Afuera, haciendo posible la vida y la historia, no es algo que se pueda enunciar solamente de modo laudatorio, pues el precio de los dioses es siempre el sacrificio. Las "iynges", en ese terreno, forman una suerte de dispositivo que permite al ser hablante entrar en una multiplicidad de universos posibles (que el lenguaje iniciático suele calificar de divino) y asimilar su proceso de individuación con los abismos del cosmos. No es que los dioses exijan, en ese punto, el cruento sacrificio sino que los humanos, en su angustia extrema ante el desgarro que le comporta instalarse en el Ser, optan por aliviar su peso existenciario y su acceso al sinsentido del cosmos y su horror mediante el sacrificio como ritual destinado a apaciguar no tanto a las divinidades como a sí mismos.

Aun así, los seres hablantes han podido, durante un prolongado
período de su habitación en Gea, reconocer las potencias extra-
humanas que los determinaban y han encontrado diversos modos
de lidiar con las formas in-humanas que informan a los vivientes.
En el nuevo Eón que atravesamos en el mundo contemporáneo
es posible constatar, al contrario, que se ha producido una suerte
de des-ligazón que es el término técnico que hemos elegido para
designar la incapacidad de los seres hablantes para reconocer las
"iynges" que coadyuvan a su existencia. Sin el auxilio de potencias
que antes mal reconocían pero que, al fin y al cabo, podían
vislumbrar, sólo ha quedado el sacrificio, la culpa, la hecatombe
como respuesta ante la ceguera metafísica del dispositivo
inmaterial de la vida. Desprovisto de su motor ontológico, el ser
hablante decidió la hecatombe generalizada de Gaia como cruento
ritual planetario que amenaza con la Extinción como precio absoluto
ante la incapacidad de identificar a las potencias sobre-humanas con
las que debe todo viviente lidiar, lo quiera o no.

Por esta razón, el vampirismo de toda vida, sacrificio inevitable
del proceso, ahora se torna forma temida bajo la reemergencia del
Virus como archi-tipo de aquello que, en el origen, pudo vincular
toda la vida con su sombra, toda vida con su causa trascendental y
paleo-ontológica. Tal vez por ello la axiomática del Ultra-Ser pueda
explicar el lugar central del Virus y, en su relación con las "iynges",
dar cuenta del auténtico sentido del nihilismo que permea todo
el orbe habitado. Una recta comprensión del *Nihil*, sin embargo,
quizá refleje no sólo la disolución sino la única posibilidad de una
relación del ser hablante con las potencias in-humanas que lo
estructuran teniendo, por primera vez, la oportunidad de escapar
al sacrificio inmemorial de la vida.

— 9 —

Que la vida no tiene un sustento en su propia sustancia sino
que posee determinantes inmateriales que perfilan su geometría
evolutiva, arroja como consecuencia la inexistencia de un

materialismo que no haga de la materia el punto evanescente de su metamorfosis en inmaterialidad. Es el corolario de la teoría de las "iynges". Esta concepción de la vida puede remitirse ultra-históricamente a la tradición platónica y neoplatónica que alcanza un punto culminante en el Renacimiento italiano con el tratado del filósofo Marsilio Ficino conocido bajo el título de *De Vita* (1489). En efecto, sostiene Ficino,

> Los antiguos sacerdotes o magos (*veteres sacerdotes sive Magos*), imitando a Hermes, estaban acostumbrados a recibir lo divino y lo maravilloso en sus estatuas y sacrificios (*sacrificiis*) (…) a través de estos materiales nada numinosos se recibía separado del interior material, solamente algo mundano (*mundana*) (…) Por algo mundano (*mundana*), quiero significar cierta vida (*vitam quandam*), o algo vital del alma del mundo (*anima mundi*) y de las almas de las esferas y estrellas (*sphaerarum animis atque stellarum*), o incluso cierto movimiento vital como si estuviese traído por demones (*ex daemonibus*); de hecho esos mismos demonios que a veces entran en la materia (*materiis*). (FICINO, *De Vita*, III, 26).

Como puede comprobarse, la vida en cuanto tal se mueve y se vitaliza, afirma Ficino, según las potencias inmateriales que se infusionan en lo material hasta llegar a cierto punto en el que la distinción entre lo material y lo inmaterial es meramente conceptual y no tiene un correlato físico pues, en dicho contexto, ambos conjuntos se corresponden mutuamente gracias a la armonía universal del cosmos de raigambre pitagórico-platónica. De este modo, no existe el concepto mismo de "vida" sino el vocablo más técnico de "cierta vida (*vita quaedam*)" que es precisamente una mundanidad que, al in-formarse por lo inmaterial, se torna vida vivificada y hace que lo evanescente, a su vez, se materialice en la fenomenología del mundo. Tal es, en ese sentido, la función del operador sacrificial: producir la vida misma como agregado inter material-inmaterial y asegurarse de su perpetuidad cósmica.

Ciertamente, la ontología analéptica es heredera de esta tradición salvo que no puede hacer propio el teorema de la armonía cósmica pues, precisamente, el elemento inmaterial que condiciona el desarrollo de la vida es, al mismo tiempo, el que interrumpe su flujo en el tiempo. La interrupción no detiene a la vida sino que, al contrario, la empuja y la dirige en función de su influjo. La acción de lo inmaterial sobre la vida no interrumpe por detención sino por irrupción: se trata pues, de una vida *introducta* que es movida en su fluir por un atractor inmaterial. La antigua armonía es desmentida por la analepsis que señala, al contrario, una dislocación entre una vida y su influjo inmaterial que presentan la propiedad de nunca coincidir entre sí.

Precisamente, la no-coincidencia plena entre la vida y su determinante inmaterial es lo que permite que el flujo continuo de la vida no se detenga pues su despliegue es la sempiterna búsqueda de una coincidencia o copulación ontológica de un acontecer imposible. En otros términos, el plus-de-vida que se manifiesta en el concepto de "cierta vida", una suerte de vida precisa pero, al mismo tiempo, incalificable, hace que la irrupción del atractor inmaterial precipite a la vida hacia sus diversos destinos epocales que no están determinados meramente por la evolución de su sustrato biológico sino, sobre todo, de las configuraciones extra-materiales que son la brújula que determina su rumbo en la historia del Ser. Esa irrupción de lo inmaterial en la "cierta vida" hace que la ontología, desde esta perspectiva, sea una suerte de *biolepsia*, vale decir, una subregión del fenómeno de la vida como resultado de su extravío en los influjos que, desde el Afuera, ponen en movimiento el interior del decurso vital de todo lo viviente.

— 10 —

Resulta ahora posible retraducir los términos de la axiomática del Ultra-Ser esbozada a propósito del vampirismo, sumándole lo aprendido de la licantropía y de la paleo-virología a la que la Ultra-filosofía nos ha conducido gracias a la ontología analéptica.

De esta forma, podemos establecer que un primer axioma
determina que lo indecible (dado que está situado antes de toda
vida) de todo archi-código viral es la condición trascendental
de posibilidad de toda vida en tanto y en cuanto es posible
homologar su figura a la del código informacional de la vida. En
otros términos, el código de la vida es el resultado (no solamente
pero de modo inextricable) del vampirismo de la no-vida que
como Otro-no-vivo irrumpe en su seno para canibalizarla y, en el
sacrificio inmanente, llevarla hacia adelante en el camino evolutivo.

Justamente en el fluir viral del vampirismo perpetuo que es la
vida pueden indistinguirse la vida y la muerte en términos de lógica
global pero pueden aún regionalizarse y, por tanto, identificarse
como parcialidad localizable (vale decir, una vida, una muerte)
de un conjunto mayor al que se pertenece pero no se divisa. Un
segundo axioma subraya que la instancia codificada del signo-
genoma conduce, inevitablemente, al sin-sentido que anuda en
todo el código de la vida y permite, sólo en una aparente paradoja,
que esta pueda evolucionar para conjeturar únicamente ilusiones
de sentido *après coup*.

El corolario que se impone a ambos axiomas consiste en
sostener que aquello que mueve al código hacia su realización
no es, precisamente, el despliegue de su propia codificación
sino la instancia inmaterial, ahora identificada como "iynges" y
que constituye el auténtico plus-de-vida o archi-figmentum que
motoriza a la propia vida, desde la inmanencia pero sin confundirse
con ella, hacia su despliegue perpetuo. Ese devenir proviene de la
Muerte y avanzará más allá de cualquier soporte: así la vida podrá
pasar del carbono al silicio y más allá sin alterar sus propósitos
fundamentales.

El silicio podrá también codificarse según sus propias reglas y,
eventualmente, la fusión de códigos se tornará asimismo posible
para constituir una suerte de nuevo Absoluto hiper-letrista
que, aún en sus configuraciones últimas, jamás logrará suturar la
totalidad de lo existente pues la Muerte asegura que el cosmos
jamás coincida, existencialmente, con sus propiedades eminentes.

Ninguna vida, por esta razón, puede sustentarse en ser la ratio última de un multiverso que no acepta constituir un conjunto lógico (y, por tanto, existencial) cerrado.

— 11 —

Resulta importante la "función-vampírica" que no es más que una consecución del dispositivo metafísico de las "iynges" precisamente allí donde la vida falla y por eso es vampirizada por el virus. Allí donde el genoma no se reproduce únicamente con lo Bello y lo bueno, con la cadena vital de lo vivificante sino con su parásito que lo torna insensato que lo hace temblar hacia lo siniestro que, muchas veces, se expresa en las formas de superficie que muestran eventos como la sangre (sustituto alegórico de la succión de la materia de la vida) y lo oscuro. El abismo de la vida es absorbido, en la lógica de las "iynges", como la sombra no lingüística que hace de *Homo* un ser trascendentalmente capaz de lenguaje porque se confronta con la apabullante tarea de decir la ausencia de sentido (y no con obliterarla, callarla o contemplarla como los místicos).

— 12 —

Llegados a este punto, podemos sostener que el sueño de la Humanidad por lograr el final del sacrificio coincide con el final de la metafísica y el imperio de la Letra. El hiper-letrismo promete el fin del sacrificio pero, ¿habrá un nuevo precio a pagar? Walter Isaacson ha dedicado un estudio a las proezas científicas de Jennifer Doudna, la ganadora del Premio Nobel de Química de 2020 aunque el libro, en realidad, es una sesuda e igualmente interesada reflexión en favor de la utilización de la tecnología CRISPR de manipulación del código genético humano.

La historia biológica de la vida requiere de ADN, ARN y proteínas. El sistema precursor más simple, en el origen de la vida, habría sido precisamente un ARN con capacidad de replicarse. Aunque, como se ha visto, el origen extraterrestre del ARN debe tomarse como hipótesis seria, también es posible conjeturar una

aglutinación aleatoria de los componentes de aquel ARN, archi-
huella de la vida. Allí tiene su objetivo específico la intervención
de la tecnología CRISPR para editar el genoma humano y abrir
la posibilidad de cambiar drásticamente la evolución humana
tomando control de la misma.

Resulta significativo que Isaacson admita que la pandemia
de coronavirus de 2020 habrá sido un hito para doblegar las
resistencias de las sociedades globales ante semejante programa.
Debido a la pandemia,

> las llamadas a aplazar la edición genética de la línea germinal
> humana se desvanecieron. El desarrollo del sistema de inmunidad
> frente a los virus había llevado a las bacterias miles de años de
> evolución, quizá los seres humanos debíamos acudir al ingenio
> para buscar el mismo resultado. (ISAACSON, 2021: 381).

De allí el surgimiento del programa que lleva la denominación
de "beneficencia procretiva (*procreative beneficence*)" con el
objetivo de llevar adelante una eugenesia basada en los mejores
genes para quienes aún no han nacido, siguiendo el impulso del
filósofo Julian Savulescu de la Universidad de Oxford. De este
modo, es posible afirmar que

> ¿No estaríamos obligados moralmente a cuidar del bienestar
> de nuestros hijos e hijas y de los seres humanos del futuro
> en general? Casi todas las especies comparten el instinto
> evolutivo, codificado en la misma esencia de la evolución, de
> recurrir a cualquier treta que pueda concitar para maximizar las
> oportunidades de que sus crías prosperen. (ISAACSON, 2021: 409).

Se ha objetado que esta estrategia podría conducir a la
creación de una élite acaudalada con capacidades para monopolizar
una superioridad genética, pero esto no parece preocupar al
profesor Savulescu, a pesar de ostentar una cátedra de Ética dado
que, significativamente, aboga por continuar el proceso "aunque
esto suponga una mayor desigualdad" (ISAACSON, 2021: 409).

Desde luego, en este contexto, la decisión de que los hiper-científicos tomen a su cargo la gestión y rumbo de la evolución humana es un programa que se fundamenta en la propia naturaleza que habría beneficiado a los seres humanos con dicha capacidad:

Después de todo, el *Homo sapiens* es parte de esa misma naturaleza, no menos de lo que lo son las bacterias, los tiburones o las mariposas. Sea con una sabiduría infinita o a causa de un traspié a ciegas, la naturaleza ha dotado a nuestra especie de la capacidad de editar sus propios genes. En el caso de que sea un error que nos sirvamos de las CRISPR, la razón no puede ser algo tan simple como que no se trata de algo natural. Es tan natural como los trucos de los que se valen las bacterias o los virus (…) La madre naturaleza nos ha brindado innumerables sufrimientos, que ha distribuido de forma poco equitativa. Así, tratamos el modo de combatir plagas, curar enfermedades, solucionar la sordera y la ceguera u obtener mejores plantas, animales o vástagos. (Isaacson, 2021: 413-414).

En ese camino resulta crucial "el conocimiento de los mecanismos moleculares que los humanos podían emplear para detectar y destruir virus" (Isaacson, 2021: 451). El papel desempeñado entonces por la pandemia de coronavirus es el escenario inmejorable para la proliferación de las tecnologías CRISPR pero con vistas a objetivos mucho más ambiciosos que la producción de vacunas:

La solución a largo plazo para luchar contra los virus es la misma que encontraron las bacterias: emplear las CRISPR para guiar a una enzima similar a una tijera y que esta corte el material genético del virus, sin tener que movilizar el sistema inmunitario del paciente. (Isaacson, 2021: 503).

Ante un escenario semejante, Isaacson rubrica las afirmaciones más osadas (y de un desbordante optimismo bio-económico) del presidente del laboratorio Moderna: "el equilibro evolutivo entre lo que es capaz de hacer la tecnología humana y lo que son capaces de hacer los virus dio un tumbo instantáneo. Es posible que no volvamos a ver una pandemia nunca más" (ISAACSON, 2021: 501).

Ante este panorama, se torna necesario detenerse a reflexionar sobre la estructura de la vida que acompaña el final de la metafísica occidental y, consecuentemente, el buscado declive de la iterabilidad del sacrificio. La llegada, cada vez más cercana, del mundo biotécnico da lugar a un *Nihil* de nuevo tipo mientras que la edición genética produce un anudamiento impensado entre el info-Signo del código y las bases moleculares de la vida que corren el riesgo de modificar el sacrificio en una dirección que no puede garantizar que no se transforme en una hecatombe para todos los vivientes en Gaia.

Para poder ser considerado una opción seria, el transhumanismo debe considerar la modificación radical de la estructura del Árbol de la Vida. De hecho, si está a la altura de sus ambiciones, debe alentar el impulso para ir más allá de la vida de carbono hacia la experiencia sustentada en el silicio y la digitalización gnoseológica de la telemática en la Era del Titanismo ciber-teológico. De este modo, el nihilismo que viene no es la nada pesimista, ni la pérdida de sentido, ni el éxtasis destructivo, así como tampoco el nihilismo clásico que niega toda verdad pre-dada o que lleva al absoluto metafísico a su licuación en la ficción (SCHÜRMANN, 2020, 57-65). Estas formas, magistralmente estudiadas para el caso de Friedrich Nietzsche, son apenas un esbozo del alcance del nihilismo radical.

En ese sentido, el nihilismo que ahora asoma está llamado a disolver las bases mismas de la vida, vale decir, a deshacer el código genético de la vida en cuanto tal. Es cierto que aquello que técnicamente cabría denominar "función vampírica" siempre estuvo dentro del sistema de la vida como lo Otro-no-vivo que era condición de su expansión. El Otro no-vivo, a través del sacrificio y la fagocitación de los cuales el Virus como auténtico habitante primigenio de Gaia es ejemplo supremo, ha cumplido esta función como auténtica condición trascendental.

Con todo, no se trata de sostener, como ha hecho Derrida al deconstruir a Hegel, que "la vida es la muerte, que ella se pone en su silogismo por mediación de la muerte, que *es* es, en el sentido dinámico y productor de la palabra *es*, el proceso de la muerte" (DERRIDA, 2021: 31). Al contrario, podemos afirmar no es la muerte la que engendra la vida ni viceversa sino que ambas son el resultado no dialéctico de la expresión fenoménica del *Nihil* que, en ese sentido, se erige en condición de posibilidad de toda vida-muerte.

Sin embargo, la situación ahora ha mutado por completo, puesto que la disolución de la vida está sostenida a partir de su reorganización manipulada como meta-acción biotécnica de manipulación del código genético para disociar y re-asociar los elementos de la vida según el rumbo que se desee para la evolución. El nihilismo constitutivo es así interrumpido en función de un deseo de que toda la "función vampírica" desaparezca del sistema que afecta a la vida humana. Es el programa que se refleja en la búsqueda de una inmunidad absoluta frente a cualquier tipo de virus posible. En el fondo, se trata de lograr una vida perfecta que expulse la huella del Archi-Virus que antecedía a toda vida y que fue la condición de su accidentada historia evolutiva.

En un contexto semejante, que pretende transformar la noción de vida en cuanto tal, resulta de la máxima relevancia preguntarse si acaso la manipulación del código genético mediante una edición meta-programada no cambiará, asimismo, la forma en que la *Psyché* misma se inscribe en la codificación de la vida. Dado que no hay *Psyché* que no sea inscripción en el campo de la vida, la modificación de la estructura genética tiene que conllevar consigo una subversión interna de todo cuanto conocemos como *Psyché*. Aunque esta última pertenezca a un Afuera-de-la-vida, la manipulación de su inscripción conllevará un cambio en la forma en que el viviente humano se pone en relación con dicha Exterioridad que sólo es perceptible a partir de su codificación en el sistema molecular de la vida.

En otros términos, una manipulación por edición genética alterará, de manera sostenida, la relación de la vida con sus motores inmateriales: las *iynges* son entidades autónomas respecto de la vida pero el modo en que la vida las capte para continuar su ciclo evolutivo se verá, por primera vez, completamente subvertida pues se pasará de una estructura sin meta-intervención en la que el viviente constituye su singularidad en la interacción del azar a otra estructura que será sobredeterminada por la acción de una torsión técnica. En cierta forma, existe la posibilidad de que la relación con lo inmaterial de la vida sea profundamente cambiada a partir de los rasgos inmanentes de la vida en sus bases moleculares.

¿Puede verdaderamente la Humanidad tolerar el final de la "función vampírica" de la vida y el acallamiento del sacrificio como estructura determinante? Un proceso de semejante magnitud conllevaría poder habitar el nihilismo para entrar, auténticamente, en un campo completamente desconocido hasta ahora en toda la historia de la vida. La fascinación del desafío no debería ocultar que el conocimiento que se tiene del código material de la vida no se condice con la ingobernabilidad de sus aspectos inmateriales.

Por esta razón, en sentido técnico, es imposible manipular realmente la vida sino que, más bien, se busca controlar sus aspectos materiales sin tener en cuenta que esa es solo una dimensión de lo que llamamos vida. La Humanidad, llegada a ese punto, deberá decidir el riesgo de la apuesta y los precios que podría estar dispuesta a pagar en la manipulación de aquello que la excede. Lo único seguro es que, de realizarse semejante empresa, nada de lo que hasta ahora hemos llamado "vida" o "no-vida" tendrá el mismo sentido y, tal vez, esos mismos nombres ya no designen a un referente reconocible.

ANANKÉ

El Destino
de los seres hablantes

— 1 —

Vivimos tiempos de zozobra para los seres hablantes. Nuestro mundo se encuentra al borde de desencadenar un ciclo indetenible de destrucciones que pueden llevar al fenómeno que hace ya más de diez años hemos denominado la Sexta Extinción y que podría poner fin a la vida sobre el orbe terrestre en su conjunto. Aunque pueda parecer paradójico, es precisamente la gravedad del momento presente la que nos reclama dedicar un tiempo a la reflexión filosófica pues, como ya había indicado Calímaco, si atendemos a los testimonios existentes en la antigua edad del filosofar, "hasta los cuervos en lo alto de los tejados discuten cuál condicional es el verdadero" (SEXTO EMPÍRICO, *Adversus Mathematicos*, I, 309). Es decir que aun en la catástrofe hay seres que deciden que el pensar guarda una importancia mayor que la desazón a la que nos entrega cada día el *infotainment* global. En este sentido, querríamos abordar aquí una reflexión acerca del problema del Destino como manifestación de la Necesidad.

Ciertamente, esta unión primigenia procede del mito y, al mismo tiempo, ha sido integralmente absorbida por la metafísica desde sus inicios. Por eso indagaremos las huellas de su presencia en distintas fuentes para señalar, asimismo, la polivalencia metafísico-política del concepto de Destino como necesidad ineluctable. Debemos considerar, si de violencia y necesidad se trata, el que constituye quizás el más antiguo testimonio que une en un triple anundamiento a la violencia, la ley y el mundo del Destino. Se trata pues, de un modesto ejercicio de indagación en la ultra-historia, vale decir, en las condiciones históricas de trascendentalidad de la onto-teo-logía política occidental. Nos referimos al fragmento 169a de Píndaro:

> La Ley (*Nómos*), reina de todos (*ho pánton Basileús*),
> de los mortales (*thanatôn*) y de los inmortales (*athanáton*), guía,
> aplicando justicia sobre los más violentos (*ágei dikaiôn tò biaiótaton*)
> con suprema mano (*hypertáta cheirí*). Me sirven de testimonio
> las hazañas de Heracles,
> ya que las vacas de Gerión
> hasta el pórtico ciclópeo de Euristeo
> impunemente y sin comprarlas condujo.

En este fragmento, la ley que une a mortales e inmortales por igual no es sino la declinación nomotética del Destino como atadura necesaria que acomuna a todos los sujetos entre sí, ya sean estos mortales o inmortales. Cabe contextualizar a Píndaro con Heráclito, quien escribe: "todos los *nómoi* humanos se nutren de lo único, de lo divino (*tréphontai pántes hoi anthrópeioi nómoi hupò henòs toû theíou*)" (HERÁCLITO, fr. 114, edición Cornavaca).

Cuando media el Destino, el origen del poder no es concebido como una idea abstracta de justicia o legalidad sino que la soberanía real de Zeus sobre el universo es puesta en relación con el mito de la caída de Cronos y la lucha contra los Titanes. En ese sentido, nos hallamos en presencia de un mito de guerra supra-celeste que da origen a la validez de todos los *nómoi* en sus aspectos mito-políticos. Por esa misma razón, todos los seres del universo se ponen en relación los unos con los otros a través del yugo de la Necesidad expresada como ley omniabarcante.

En este ámbito, no es aventurado postular una influencia órfica sobre el fragmento pindárico si lo consideramos sobre la tela de fondo de la ultra-historia de la soberanía occidental. No hay que olvidar aquí el hecho de que *Diké* es también una fórmula imperativa que marca la ligazón del viviente con la norma de las leyes cósmicas. Cuando Odiseo, una vez que desciende a los infiernos y encuentra a su madre, le pregunta por qué razón no la puede abrazar: "tal es –responde ella– la *diké* de los mortales" (Homero, *Odisea*, II, 218). Se trata aquí entonces, según Émile Benveniste, de la "regla imperativa" o la "fórmula que regula la suerte". Así se llega al empleo adverbial *díken* "a la manera de", es decir, "según la norma de tal categoría de seres" (Benveniste, 1973: 110). A pesar de los intentos de los filólogos de asignar al término "necesidad" el sentido de constricción lógica o material anterior a la acepción divina de "Fatalidad", Benveniste propone una etimología que acerca el término al hitita *henk-an* "muerte fatal" (Benveniste, 1973: 155).

En cuanto a *Ananké*, la personificación de la ley y del Destino como Necesidad aparece en sabios como Parménides o Empédocles. De allí que no deba extrañarnos la constatación de que no se trata de una divinidad que sea objeto de culto porque justamente allí se encuentra el carácter distintivo de esa divinidad de divinidades, de este principio supremo. La Necesidad es la auténtica *arché* de la política occidental que liga la violencia, la ley y el Destino epocal en relación con el conjunto de los seres que integran el cosmos (tanto divinos como humanos).

La etimología semítica del término *Ananké* propuesta por Heinz Schreckenberg ha sido hoy completamente desacreditada. Pero resulta sugestiva su hipótesis según la cual el sentido del vocablo hace referencia a un lazo de parentesco necesario o a la constricción material, siendo el sentido de fatalidad un desarrollo posterior aun si el filólogo se ve obligado a admitir que el camino hacia su abstracción ya comienza en Homero (por ejemplo, en relación con la esclavitud). En su análisis del Mito de Er, el autor intenta explicar el equivalente de esta noción con la de *súndesmoi* que mantiene al Universo unido. Para ello se vale de una comparación con *Timeo* 31a y ss. pero, ciertamente, no llega a explicar cómo el concepto de *Ananké* que se halla en *Timeo* 47e se relaciona con la diosa del Mito de Er (SCHRECKENBERG, 1964: 97 ss. y 119 ss.).

Schreckenberg señala también que los estoicos identificaban la noción de *Ananké* con la de *Heirmarméne*, es decir, como concatenación (*heirmós*) de causas. La identificación existe en el estoicismo pero es uno de los muchos otros epítetos que estos filósofos adjudicaban a su divinidad suprema que, se suponía, representaban distintos aspectos de su ser, y quizá por ello para los estoicos no habría equivalencia semántica entre los dos términos aunque, contrariamente a los críticos de Schreckenberg, la equivalencia conceptual no se les pudo haber escapado pues es poco plausible que los estoicos no hubiesen sido conscientes del significado originario de *Ananké* como lazo del Destino que constriñe.

La influencia órfica se hace de igual modo más patente si se toma en cuenta la idea, propia de esta corriente religiosa, de un origen común para mortales e inmortales: "una sola es la estirpe de los hombres y de los dioses: el aliento de ambos procede de una única madre, pero nos separa el reparto distinto de los poderes" (PÍNDARO, *Nemea*, 6). Es probable que aquí se trate de la Gran Madre o Madre de los Dioses de origen frigio, es decir, Cibele o que haga alusión al mito órfico de Dionisio, según el cual los hombres proceden de los Titanes que eran vástagos de Gea y Urano. De este modo, puede ser progenitora común de dioses y hombres.

En este contexto órfico, la Necesidad adquiere también un tinte completamente político: "las impiedades cometidas en este reino de Zeus (en la Tierra) bajo tierra las juzga uno, comunicando la sentencia a la hostil Necesidad (*anánka*)" (PÍNDARO, *Olímpica Segunda*, vv. 58-60). Ahora bien, *Ananké* figura en la teogonía órfica donde, junto con su hija Adrastea, es la nodriza de Zeus niño. Hija de Cronos y Diké, sus propios hijos son el Éter, el Caos y el Érebo.

Su influencia es de largo alcance y puede sentirse también en la tragedia donde da cuenta, en su registro filosófico-político, de un aporte insoslayable: "¿y quién dirige el rumbo de la Necesidad (*anánkes*)? / Las Moiras triformes y las Erinias que nada olvidan / ¿Entonces, está Zeus desprovisto de fuerzas (*asthenésteros*) ante ellas? / Desde luego, pues él no podría esquivar su destino (*tèn peproménen*)" (Esquilo, *Prometeo encadenado*, 513-520). O también: "un sabio proverbio (*épos*): nada existe más poderoso que la Necesidad (*deinês anánkes oudèn ischúeiv pléon*)" (EURÍPIDES, *Helena*, 513).

La consistencia del pasaje del mito a la metafísica que, de todas maneras, nunca estuvieron nítidamente separadas si tomamos el caso de testimonios pre-socráticos, se encuentra ya consumada en la filosofía platónica:

> Y había tres mujeres sentadas en círculo a intervalos iguales, cada una en su trono; eran las Parcas, hijas de la Necesidad (*thugatéras tes anánkes*) (…) a saber, Láquesis, Cloto y Átropo, y cantaban en armonía (*harmonían*) con las sirenas: Láquesis las cosas pasadas, Cloto las presentes y Átropo las futuras (…) Un profeta (*prophéten*) dijo: 'palabra de la virgen Láquesis, hija de la Necesidad (*anánkes thugatrós*): almas (*psychaì*) efímeras, éste es el comienzo, para vuestro género mortal, de otro ciclo anudado a la muerte. No os escogerá un demonio (*daímon*) sino que vosotros escogeréis un demonio. Que el que resulte por sorteo el primero elija un modo de vida (*Bíov*), al cual quedará necesariamente asociado (*sunéstai ek anánkes*). (PLATÓN, *República*, X, 617 b-e).

Como puede verse, al ser la elección del *daímon* de cada vida un evento cósmico, se puede afirmar que el carácter de cada cual es una elección a priori que concierne la existencia individual y, por ello, las características más propias de cada persona resultan en rasgos distintivos que acompañan a un individuo durante todo su pasaje por la esfera terrestre, pues el *bíos* no se determina en la *physis* de la tierra sino como acto trascendental del mundo supra-natural que precede a toda vida.

De esta forma, Platón propone un antecedente importante de la noción de Necesidad en el sentido cósmico de su categorización pero también llega a otorgarle un sentido complementario cuando afirma que "nuestro mundo resulta de una mezcla que reúne la necesidad y el intelecto" (PLATÓN, *Timeo*, 47e). Así y todo, debemos situar en un tratado pseudo-aristotélico de enorme trascendencia, el punto culminante de la lenta constitución, en el marco de la metafísica de la presencia, de la Necesidad como lazo constitutivo de la relación de cada individuo con los otros vivientes a los que se encuentra ligado por los lazos del Destino. Sobre su ignoto autor, muchos estudiosos piensan que pertenecería al círculo del judaísmo helenístico de Alejandría de raigambre estoica del cual provienen Filón o Aristóbulo.

De hecho, la obra se relaciona con el ámbito del Estoicismo Medio y con la actividad de Posidonio cuyas obras podrían haber servido de base a la redacción. A pesar de que las reconstrucciones de la obra de Posidonio son conjeturales, se puede apreciar el carácter panteísta del pasaje y su adscripción a la teología estoica que altera profundamente la concepción aristotélica del cosmos. Por cierto, a estas herencias se suman huellas de pitagorismo, de platonismo y, por supuesto, del monoteísmo judío con acento filoniano:

La Necesidad (*tèn Anánken*) no se le designa con otro nombre excepto el de Dios, como si fuera una causa invencible (*hoioneì aníketon aitían onta*); de igual modo Dios es el Destino (*Heimarméne*), puesto que lo liga todo y avanza sin impedimentos; la Fatalidad (*Peproméne*) por el hecho de que todas las cosas han sido limitadas y nada de lo que existe es infinito; Parca (*Moîra*), que viene de aquello que se reparte; Némesis (*Némesis*), del hecho de que cada individuo recibe su porción; Adrastea (*Adrásteia*), que es una causa conforme a la naturaleza y a la cual no se puede escapar; Aesa (*Aísa*), puesto que existe siempre. Lo que se dice de las Parcas y de su rueca lleva a una conclusión análoga: las Parcas son tres y su papel se reparte según el orden del tiempo, y el hilo de la rueca es, en parte lo que ya ha sido realizado, en parte lo que lo será, en parte, finalmente, lo que está desarrollándose ahora. Una sola de las Parcas está vuelta hacia el pasado, es Átropos, puesto que todo lo que ha transcurrido es inmutable; hacia el porvenir lo está Láquesis, puesto que la cesación natural aguarda a todas las cosas; hacia el presente lo está Cloto, llevando a cumplimiento e hilando a cada uno a su propio destino. Esta fábula se halla conforme al orden del mundo. Todas estas personificaciones no son otra cosa que Dios. (Pseudo-Aristóteles, *De Mundo*, 7).

Como podemos apreciar, la constitución de la subjetividad que se instaura a partir de la *Ananké* desborda el horizonte de un sujeto que contiene en sí mismo la totalidad de su identidad. Podría decirse que su proceso de subjetivación coincide, punto por punto, con una confrontación con la multiplicidad. Si la *Ananké* es el ligamen metafísico de todos los entes del cosmos en un Todo que los mantiene dentro de una matriz que liga sus destinos, cada sujeto no puede manifestarse bajo la forma del individuo aislado. Por el contrario, su subjetivación se confronta, de manera permanente, con una multiplicidad creciente de Otros que no son siquiera –o siempre– humanos. Por supuesto, todos los mortales son Otros con los que el sujeto está ligado. Desde ese punto de vista, la historia individual de cada sujeto se proyecta en la Historia Universal de todos los sujetos unidos en un mismo destino cósmico.

Dado que la *Ananké* rige tanto a los mortales como a los inmortales, la subjetividad así construida pone en ligazón al sujeto humano con todas las formas de entes in-humanos o para-humanos que se designan bajo la figura de los dioses. De modo que ningún ser humano es jamás una identidad consigo mismo sino, al contrario, su subjetivación coincide con un devenir desubjetivante que coloca al sujeto en consonancia con los otros mortales y con los entes que pueblan el cosmos supra-natural de los dioses. De este modo, no existe verdaderamente un ser-en-el-mundo sino, más bien, un ser-en-el-cosmos donde cada intento de un sujeto por cerrarse en una identidad es continuamente imposibilitado por la apertura hacia un macrocosmos poblado de demonios y seres inmortales que inciden en la constitución de su carácter y, por ende, de su destino que es la forma en que los Antiguos denominan a una subjetividad que asume la responsabilidad de su devenir histórico en el horizonte de los designios suprahumanos.

De igual modo, cabe señalar que esta preeminencia de los dioses es en el fondo aparente, pues la propia subjetividad divina depende de su contrapartida humana. Es el secreto mejor guardado de la *Ananké*: si bien los mortales no pueden sustraerse a los dioses, no deja de ser menos cierto que estos últimos no pueden tampoco erigirse como tales con independencia de los humanos. Tanto los mortales como los inmortales constituyen su subjetividad como intersubjetividad en el espacio intermedio de mezcla que la *Ananké* como totalidad del mundo demanda. De allí que la subjetividad no sea ni siquiera un atributo humano sino que es perfectamente un punto de imputación que les cabe a los dioses mismos que necesitan de los humanos como sus Otros indispensables para manifestarse en el cosmos como parte del orden total de la Necesidad.

En ese sentido, la Necesidad no se declina como una forma de determinismo a priori ya que las Parcas tejen un destino según las conveniencias del caso y sobre la base de un juicio inescrutable para los mortales e inmortales. La única certeza que estos pueden tener es que su destino se transforma en necesario a partir del mismo devenir en que se gesta pues no está dentro del orden de lo preestablecido. De igual modo, el concepto de Necesidad desborda el ámbito de lo destinal para dar cuenta del hecho mismo de la unidad del cosmos: si existe una relación, como la metafísica lo ha postulado, entre el microcosmos y el macrocosmos, si en su totalidad de los entes están relacionados bajo diversas formas de la mixtura ontológica, esto es posible puesto que el Todo, el Universal del cosmos, está precisamente garantizado por la Necesidad, y en ese punto preciso esta última puede ser considerada como la condición a priori de lo existente como Uno.

Con todo, significados más sombríos y persistentes han acompañado a la noción de *Ananké* como Necesidad y Destino en su despliegue desde sus inicios y a lo largo de los siglos. No olvidemos, justamente, que las Parcas son hijas partogénicas de la Necesidad como una especie de diosa suprema contra la cual no luchan ni siquiera los demás dioses y que es denominada bajo el epíteto del inexorable Destino. Sin embargo, ese carácter implacable sellará la suerte de la Necesidad como Destino en la historia de la metafísica, pues quedará, por su unión con los aspectos jurídico-políticos, ligada a la noción de culpa. En este sentido, la historia de la metafísica es asimismo una historia de la culpa que ha sido también una de las afecciones primordiales que han gobernado la relación de cada uno de los humanos con la otredad múltiple que ofrecía *Ananké*.

— 2 —

En efecto, en una compleja articulación de *Ser y Tiempo*, para Martin Heidegger el comprender (*verstehen*) la muerte es lo que expulsa toda posibilidad accidental para confrontar al *Dasein* con el destino. La finitud adecuadamente apropiada, precisamente, impide las distracciones existenciales. Así por ejemplo:

> las posibilidades del sentirse satisfecho (*Behagens*), tomar las cosas a la ligera (*Leichtnehmens*), sustraerse a los compromisos (*Sichdrückens*), y traer al *Dasein* a la simplicidad de su "destino individual" (*Schicksals*). Con esta expresión designamos el gestarse original del *Dasein* (…) en el que el *Dasein* se hace tradición de sí mismo, libre para la muerte (*frei für den Tod*), a sí mismo, en una posibilidad heredada pero, sin embargo, elegida. El *Dasein* sólo puede ser tocado por los reveses de la fortuna (*Schicksalsschlägen*) porque en el fondo de su ser es "destino individual" (…) abierto para "acoger con complacencia" (*Entgegenkommen*) a las circunstancias "felices" (*glücklichen*) y para la acerbidad de los sucesos imprevistos (*Grausamkeit der Zufälle*). (HEIDEGGER, 2006: 384).

Se trata, según Heidegger, de lograr así, para el *Dasein*, la "superpotencia de su libertad finita (*Übermacht seiner endlichen Freiheit*)" (HEIDEGGER, 2006: 384). Haciéndose eco de la tradición milenaria de la *Ananké*, Heidegger asocia inmediatamente la imposibilidad de que un sujeto pueda existir sin la otredad en tanto y en cuanto existe la atadura necesaria del Destino:

> Pero si el *Dasein* que es en forma de "destino individual" existe, en cuanto ser-en-el mundo (*In-der-Welt-sein*), esencialmente en el "ser con" otros (*Mitsein mit Anderen*), es su gestarse histórico un "gestarse con" y constituido como "destino colectivo" (*Geschick*). Con esta expresión designamos el gestarse histórico de la comunidad (*Gemeinschaft*), del pueblo (*Volkes*). (HEIDEGGER, 2006: 384).

En ese sentido, el destino colectivo no es equivalente a la sumatoria de los destinos individuales ni el ser con otros consiste simplemente en el agregado de varios sujetos. Para Heidegger, es en la coparticipación y en la lucha donde queda al descubierto el poder del "destino colectivo". Esto tiene lugar cuando el "destino individual" entroncando al "ser con" otros en una misma generación permite la amalgama que autoriza la gestación histórica del *Dasein* como desarrollo propio de la historia de la metafísica que se transforma en su determinación destinal:

> Sólo cuando en el ser de un ente (*im Sein eines Seienden*) moran juntas la muerte (*Tod*), la culpa (*Schuld*), la conciencia moral (*Gewissen*), la libertad (*Freiheit*) y la finitud (*Endlichkeit*) en la forma igualmente original que en la cura (*Sorge*), puede ese ente existir en el modo del "destino individual" (*im Modus des Schicksals*), es decir, ser histórico en el fundamento (*Grund*) de su existencia. (HEIDEGGER, 2006: 385).

La analítica existenciaria de Heidegger, en nuestro mundo contemporáneo, opuesto a la finitud e indiferente tanto a la culpa como a la libertad, ha sido puesta en jaque. En cierta forma, asistimos al fin del *Dasein* como Destino pues justamente ese carácter destinal estuvo siempre ligado a la historia de la metafísica, que en nuestros días ha alcanzado el curso final de su historia milenaria. Es precisamente este crepúsculo del *Dasein* el fenómeno que lleva al despliegue ilimitado de todas las potencias titánicas de la técnica, particularmente de la telemática, que el propio Heidegger había entrevisto.

Este *Nachleben* o persistencia del Destino en el pensamiento filosófico contemporáneo puede incluso constatarse en un filósofo muy alejado de los propósitos heideggerianos como es el caso de Walter Benjamin. Y, en efecto, después del recorrido que hemos realizado en este texto, no nos sorprenderá que el propio Benjamin hable del Destino asociando esta noción con el ámbito de lo jurídico como núcleo primordial de lo demoníaco:

> El orden del derecho (*die Ordnung des Rechts*), que tan sólo es un resto de la etapa demoníaca de existencia de la humanidad (*der dämonischen Existenzstufe der Menschen*), en el que los preceptos jurídicos (*Rechtssatzungen*) determinaban no sólo las comunicaciones (*Beziehungen*) entre ellos, sino también sus relaciones (*Verhältnis*) con los dioses (*Göttern*), se ha mantenido más allá del tiempo que abrió el triunfo (*Sieg*) sobre dichos demonios (*Dämonen*). (Benjamin, 1991: 176).

Por esta razón, precisamente, para Benjamin la salida del orden demoníaco del derecho permitía, a la vez, una liberación del tiempo circular del Destino y de la culpa: "así, la dicha (*Glück*) y la bienaventuranza (*Seligkeit*) sacan de la esfera del destino (*Schicksal*), como es también el caso de la inocencia (*Unschuld*)" (Benjamin, 1991: 176). Ciertamente, Benjamin manifiesta una inspiración en distintas fuentes filosóficas entre las que destaca la obra de Friedrich Nietzsche en lo que a su concepción de la culpa y el destino se refieren (Hamacher, 2013: 133-178).

Con todo, se le puede respetuosamente objetar a Benjamin su suposición de una etapa de lo demónico en la Humanidad que pueda ser superada por el devenir civilizacional o la redención mesiánica. Al contrario, esas posibilidades no parecen albergar una

base prolífica para salir de la culpa. Los demonios no son la culpa
sino que los humanos se culpabilizan al tratar con los demonios no
libremente sino bajo la captura de su violencia mediante las formas
del Derecho. Esa captura de los demonios es, precisamente, lo que
debemos entender por la violencia de la ley que señalaba Píndaro.

Por ello resulta de gran relevancia avizorar cómo la categoría
del Destino como *Ananké*, al constituir el punto ciego que
estructura la matriz política de la metafísica occidental, no ha
podido ser vislumbrada con toda claridad por aquellos mismos
pensadores que han buscado deconstruir su historia, como
es el caso de Heidegger o bien de la crítica de Benjamin. Aun
cuando estos filósofos constituyen sus teorías a partir de un
cuestionamiento de los conceptos de la metafísica occidental, no
pueden dejar de heredar, casi sin darse cuenta de ello, el concepto
mismo de *Ananké* como Destino que debe resignificarse en la
analítica existencial o superarse en el mesianismo redentor pero
que, en todo caso, no se cuestiona en su validez operativa como
concepto matricial.

La categoría benjaminiana de inocencia ha perdido ya toda
su donosura porque se ha mostrado la imposibilidad radical
del retorno al estado de una inocencia o infancia redimida.
Los inocentes han sido arrasados por el Destino sin piedad.
El proyecto trashumano en curso consiste, precisamente, en
intentar dominar técnicamente a *Ananké* y desafiar su orden en un
titanismo sin precedentes. Si la Antigua *Ananké* establecía, a través
de las Parcas, el destino de los vivientes por medio de la finitud,
la biociencia contemporánea busca, al contrario, la inmortalidad
biológica como superación de toda finitud y como abolición de
todo destino que no esté escrito en las letras del genoma (al que,
por otra parte, también se busca domeñar sin más una vez que se lo
ha establecido como el horizonte epistemológico último de lo real).

Tal vez pueda resultar fructífero considerar que no es la
inocencia la que salva sino que precisamente la inocencia es la
contracara de la culpa y su necesario complemento conceptual.

Dicho de otro modo, culpa e inocencia forman parte de un mismo designio o dispositivo metafísico. Lo que resulta interesante es la ocasión de pensar el Ser como dislocado de toda *Ananké* como Destino, pues la culpa marca, en realidad, que todo ser está dividido y que la inocencia es la manifestación de esa división que se pretende suturar con una redención imposible. El misterio de la exposición del Ser como dislocado del Destino como tal puede, quizá, permitir salir de las artimañas de la culpa para mostrar una propiedad del Ser que, re-apropiada, puede hacer posible el forjar un futuro inédito para los seres vivientes, pues paradójicamente, cuando estos últimos, en el cenit del ocaso planetario, se han liberado de toda *Ananké* se han tornado, al mismo tiempo, víctimas de las más diversas formas de la opresión presentes en el mundo global contemporáneo.

Así *Ananké* ya no representa nada: ni orden, ni llamado a la anarquía revolucionaria. Simplemente se ha ausentado del mundo. Los vivientes que lo reclamaban desde hace siglos ahora han visto transformadas sus vidas en vacuidad y carencia de sentido. Los cuervos de Calímaco ya no visitan más los tejados humanos y, de seguir este recorrido, pronto Gaia se transformará en un hábitat derruido dando lugar a la expansión interestelar que pregonan las más poderosas corporaciones del planeta.

El hilo de las Parcas parece haberse roto y el tejido de la existencia, la finitud y el recomienzo están resquebrajados. Si los habitantes de Gaia no logran, en la coyuntura del presente, encaminarse hacia una nueva *politeia*, el crepúsculo de los dioses no dará lugar al ascenso de los vivientes ilusoriamente inmortales de los transhumanistas sino que, quizá ahora lo podemos entender, los arrasará en un mismo gesto violento, tal como Píndaro lo había dejado entrever milenios atrás. No se puede entonces sostener, guardando una mínima dosis de buena fe, que no debamos, hoy más que nunca, volver a prestar la máxima atención a las admoniciones del poeta que todavía nos habla desde la noche de los tiempos.

Reminiscence (2021: protagónicos de Hugh Jackman, Rebecca Ferguson y Thandiwe Newton), la ópera prima de Lisa Joy, ha recibido, decididamente, críticas negativas. Conjeturo aquí otro desacierto más de parte de la crítica. No se puede menospreciar el recorrido de la Dra. Lisa Joy: hija de un inmigrante inglés y de una inmigrante tailandesa, fue jueza de California graduada de la Universidad de Harvard. Precursora entre las guionistas mujeres del nuevo milenio, Joy comenzó su carrera en el 2007 y ahora nos ofrece su película de ciencia ficción *neo-noir* y auténtico tratado en imágenes sobre el amor, la política y la naturaleza del pasado. Se la culpa de nutrirse de ideas de otros, entre ellos, de Christopher Nolan (argumento que, además de inexacto, es misógino y malintencionado pues se lo esgrime por estar casada ella con el guionista Jonathan, el hermano menor del director Christopher Nolan). Si se culpara a los pensadores por nutrirse de otros, no quedaría ninguno después de Platón y Aristóteles. Su film tiene muchísimas tesis imprescindibles.

Cabe señalar solamente una (las ideas no son nuevas, dirán otra vez, pero resulta viable sostener que la tesis en su conjunto lo es): el pasado no es algo que nos busque a nosotros constantemente para no permitirnos el descanso y sumirnos en la nostalgia. Al contrario, somos nosotros quienes nos volvemos hacia el pasado para hurgar en él, para alterarlo, para acosarlo con nuestra necesidad insaciable de retener lo efímero y sus formas evanescentes en la frágil memoria individual que vamos perdiendo día tras día.

Uno de los más grandes pensadores de principios del siglo XX, Aby Warburg, enloqueció por lo que él llamaba la supervivencia (*Nachleben*) de los demonios del pasado (LUDUEÑA ROMANDINI, 2017). Warburg se pudo curar, sin embargo, cuando dejó de perseguir fantasmas para dejarlos fluir hacia el olvido, deliquio por la futilidad cuyo secreto se les escapa a los actuales intérpretes de su vida y obra. ¿Qué había descubierto Warburg que la

Academia ignora sistemáticamente? Lo decisivo, muchas veces, no es entonces el acoso de un pasado que sobrevive (*Nachleben*) sino el encarnizamiento de los seres hablantes por atormentar ese pasado y traerlo al presente en lugar de permitirle diluirse en el flujo del tiempo. La Dra. Joy lo ha puesto al descubierto en su film. De ahora en más no se puede aspirar a comprender la obra de Warburg o el drama de nuestro presente donde hemos, precisamente, perdido para siempre nuestro pasado sin recurrir a la benéficamente ulcerante película de la Dra. Joy.

— 4 —

Los grandes hitos de la constitución de la vida y del alza destinal de los seres hablantes están atestiguados en las archi-huellas milenarias del vampirismo y de la licantropía. Hoy esas huellas están comenzando a borrarse del horizonte milenario para dibujar los contornos de una nueva forma-de-vida transhumana que ya se vislumbra como la meta más osada desde que los Virus fueran la forma primigenia del Árbol de la Vida en Gaia.

Si Jacques Lacan sostuvo que el lenguaje "no es una superestructura" (LACAN, 2001: 208) esta proposición no es más que el corolario de su teorema según el cual no existe ningún metalenguaje. En cierta forma, este teorema ha definido la historia de la Humanidad hasta su agonizante presente y hoy se encuentra a punto de ser completamente revertido. Los pasos se pueden enumerar del siguiente modo:

1) Hay metalenguaje genético: el info-signo del genoma permite la manipulación de su código y, por tanto, su tratamiento como estructura de una superestructura que lo modifica en nombre del hiperletrismo. La instauración de la letra genómica es la forma de reescribir a voluntad la evolución biológica de las especies sobre la Tierra y la reconfiguración completa de lo que, hasta ahora, se conoció bajo el antiguo nombre de *Psyché* y cuya desaparición llama a la configuración de un nuevo diagrama del territorio inmaterial de lo vivo.

2)   Hay metavida: la supervivencia a la propia muerte del
     cuerpo biológico con las técnicas transhumanistas de la más
     diversa especie (clonación, codificación y trasmutación de
     la memoria) auguran una vida de orden superior a su base
     biológica original. Al mismo tiempo, la *Artificial Intelligence* es,
     asimismo, una vida más allá de la vida, un plus-de-vida que se
     eleva, esta vez, por encima de toda declinación conocida de lo
     viviente.

3)   Hay metaverso: todo cuanto los saberes han denominado, no
     sin grandes ambigüedades, la "realidad" (en su conjunción de
     physis y *nómos*) es ahora tratada como el estrato de base para
     la formación de un conjunto múltiple de realidades virtuales
     y aumentadas. Acceder al metaverso equivale a concederle
     a este último el estatuto de una meta-realidad que redefinirá
     por completo las bases de la realidad de partida y puede llegar
     a abducirla completamente en su seno. La "Gran Absorción"
     de la realidad de base por el Metaverso ha dado comienzo y
     sus consecuencias apenas pueden todavía columbrarse.

4)   Hay exo-verso: la colonización del espacio extra-geodésico
     y, como consecuencia, el proyecto de la expansión cósmica
     de la vida fuera de la Tierra por parte de los herederos
     de los seres hablantes transforman al Universo en la base
     de una estructura que puede avanzar sobre su cartografía
     cosmológica para tornarlo la base de la constitución de un
     Novus Ordo Seclorum de los espacios extraterrestres. La toma
     de la tierra extra-geodésica es la consecuencia necesaria de
     los puntos anteriores y su plena realización.

   Sería un amplio equívoco atribuir este programa
exclusivamente a la nueva "era del acceso" que, de forma lapidaria,
ha reemplazado al obsoleto capitalismo tardío puesto que existe el
antecedente inmediato del biocosmismo ruso que, con pensadores
que van desde Alexander Bogdánov hasta Valerián Muriaviov,
desde Konstantín Tsiolkovski hasta Alexander Chizhevski, ya

hacia finales del siglo XIX y principios del siglo XX diseñó un proyecto semejante desde las bases del socialismo utópico y de la revolución bolchevique propulsando la inmortalidad biológica o la expansión interplanetaria de la humanidad. Con todo, otro error de perspectiva ha consistido en encauzar, de manera tan esquiva como reduccionista, las posturas del cosmismo ruso dentro del marco de la biopolítica moderna estudiada por Michel Foucault haciendo de esta vanguardia extrema una suerte de "utopismo biopolítico" (GROYS, 2018: 11).

De hecho, el cosmismo ha vuelto a resurgir en la filosofía y la cultura rusas contemporáneas con la misma fuerza que el proyecto transhumanista lo ha hecho en Occidente. Sobre estos asuntos conviene, pues, no olvidar que los cosmistas rusos hicieron del ocultismo el centro de irradiación de un pensamiento que hacía suyo el *dictum* nihilista de la muerte de Dios (YOUNG, 2012: 36-45). De igual modo, el transhumanismo contemporáneo se ha nucleado, como lo hemos estudiado en otra parte, alrededor de un auténtico neo-esoterismo occidental que desea escrutar los dominios inexpugnables y las promesas ilimitadas de la Liturgia del Anti-Número.

Sin embargo, estas perspectivas históricas sitúan las innovaciones del nuevo eón en la corta duración de una falsa sincronía. Al contrario, para una cabal comprensión de la profundidad de los procesos en curso, es necesario adentrarse en los caminos de la Ultra-historia que hemos propuesto en nuestro recorrido, pues sólo remontándonos, a través de la mitopoiesis del folclore sobre vampiros y hombres lobos, al origen mismo de la vida sobre la Tierra resulta factible arrojar una nueva luz sobre la mutación física y metafísica que están experimentando no ya solamente la Humanidad sino, por añadidura, todas las formas de existencia (bióticas o abióticas) que conforman el mundo natural y, al mismo tiempo, co-originariamente artificial de Gaia.

Desde el alba del vampirismo viral estaba trazado este designio: la estructura (viral) de la vida, que incluso puede haber provenido del espacio extra-geodésico, ha propiciado como destino para el *bíos* su retorno a los abismos del hábitat de los cielos. En ese sentido, los seres hablantes han estado siempre "alienados", han aspirado al "*alienus*", al otro más allá de la propia vida, del propio lenguaje, del propio hábitat. Todos los seres hablantes fueron siempre el subproducto de un Otro (vampírico) que los constituyó desde fuera. Es tiempo del Gran Retorno: suena la hora de la enajenación de todo lo conocido bajo los límites de Gaia en pos de un renacer cósmico que ha dado comienzo. Por primera vez, el vampirismo (si no es finalmente eliminado como matriz metafísica) logrará alcanzar su extremo fagocitando el cosmos. Simultáneamente, la metamorfosis de las modulaciones de la vida consagradas en la licantropía abre las puertas hacia la proliferación de formas de vida ajenas a todo lo conocido y lo concebible hasta ahora. Es el momento de la Segunda Revolución Metafísica luego de la aparición de los Virus sobre la Tierra.

— 5 —

En cierta forma, el orbe planetario se encuentra en el post-Apocalipsis (que es asimismo revelación) el cual, con conciencia o sin ella, la Humanidad ya ha vivido, está viviendo o vivirá como catástrofe. Ninguna de las convenciones existentes quedará en pie y la transformación de todo cuando existe en nuestras vidas está en curso. Cuando la devastación de las ciudades haya pasado, un nuevo paraíso emergerá dando cuenta de un hábitat donde los edificios estarán hechos de montañas y las montañas serán los refugios construidos para los vivientes. Surgirá un espacio, incluso exo-terrestre, donde no haya lugar para lo artificial que no sea natural y para lo natural que no sea artificial. Entre los escombros del antiguo mundo prevalecerá la vida que puja desde el fondo del tiempo: los vegetales reinarán sobre el cemento y, con su símbolo de vida, serán el paradigma de la búsqueda solar de la remedada existencia.

Será entonces el tiempo del retorno no ya del Mesías que, finalmente, faltó a su llegada (pues sólo se puede ser promesa en lo imposible) sino de una nueva capacidad de entrever el mundo del revés, el que soñamos cada día, el que añoramos en cada angustia, el que tenemos al alcance de la mano pero todavía somos muy temerosos de abrazar. No será el amanecer de nuevos dioses sino la conciencia biotécnica del planeta transformada en nuevo reino para la habitación de los seres que alguna vez se creyeron humanos pero que cada día se dan cuenta de la ilusión en la que, temerariamente, se habían abismado. El nihilismo cibernético habrá dado entonces comienzo y sólo si la Humanidad recobra la experiencia del *Nihil* que en el origen supo experimentar, quizá pueda navegar un mundo desconocido que la exima de la propia Extinción.

— 6 —

En el proyecto filosófico precedente que llevamos adelante durante el segundo decenio de este siglo bajo el acápite de *La comunidad de los espectros*, presentamos un quiasmo epocal definido por el ocaso de la Era de *Homo* y el ascenso de los Póstumos. Querríamos dejar en claro que ambos conceptos, *Homo* y los Póstumos, no definen entidades objetivas sino, en todo caso, comprenden eras de la Historia universal que agrupan objetivaciones diversas. De este modo, para el tiempo de *Homo* debemos comprender el inmenso período que abarca desde, por lo menos, el Paleolítico hasta el alba de un mundo contemporáneo que presenta un desafío a todas las estructuras sobre las cuales se habían dado asiento las civilizaciones que construyó, sucesivamente, el ser hablante. Nuestro tiempo, por tanto, corresponde ya al dominio de los Póstumos.

Por lo tanto, dentro de la Era de *Homo* encontramos no solamente al humanismo (producto de la Modernidad que en el Renacimiento consagra una objetivación discursiva de *Homo* bajo la égida de la filología como ciencia suprema hoy abatida) sino también al *Homo sapiens*, al cazador, a la Gran Madre, al hombre de las correspondencias macrocósmicas de los griegos, al ánthropos teológico-político, al *homo oeconomicus* y tantas diversas encarnaciones seriales de un mismo gran Eón histórico que ha ido migrando sus manifestaciones fenoménicas pero no así su estructura profunda en los determinantes fundamentales de la organización de la vida.

No es infrecuente que hoy se enarbole, con las más nobles intenciones, la noción de posthumanismo desde las más diversas corrientes filosóficas. Su presencia, cabe notarse, se ha incrementado luego del inicio de la Gran Pandemia, como síntoma innegable del tiempo histórico. No obstante, como hemos intentado mostrarlo en este libro, la categoría de posthumanismo adolece de una contradicción intrínseca por el hecho de que intenta superar aquello que nunca ha existido. El hombre (como especie, como cultura o como técnica) y el humanismo, en sentido estricto, no son más que un ejemplo extremo de lo que Friedrich Nietzsche ha denominado una fábula (*Fabel*). En consecuencia, el posthumanismo no es más que la última fábula filosófica que han inventado los seres hablantes para dar un sentido a su radical ilogicidad existencial, tornada evidente ante la confrontación, sin mediaciones, con el *Nihil* que la ontología analéptica ha dejado al descubierto.

El transhumanismo, por su parte, presenta otros rasgos diferenciales puesto que, en este caso, más allá de cualquier equívoco en el nombre, la intención es lo que define su sentido, vale decir, la toma a cargo de la dirección de la evolución biológica de la integralidad del ecosistema de Gaia mediante una intervención técnica masiva sobre el mundo de la vida en sus niveles moleculares (puesto que, ciertamente, dicho accionar no se limitará a los seres hablantes). Una evolución biológica que, por primera vez, será definida según los designios del *nómos* biotécnico en desmedro de la otrora llamada "selección natural" marca, entre otros rasgos, lo que hemos denominado, precisamente, el comienzo de la Era de los Póstumos.

Ante este panorama, el llamado posthumanismo es el "instante de la sombra más corta (*Augenblick des kürzesten Schattens*)" y, tal vez, pueda tener el mérito, para nada menor, de haber dejado en evidencia al "larguísimo error (*das längsten Irrthums*)", vale decir, la creencia fabulesca en la existencia de un "hombre" que jamás tuvo lugar. Habremos así llegado, quizá, al "punto culminante de la humanidad (*Höhepunkt der Menschheit*)" (NIETZSCHE, 1967-1977, Band 6: 81) cuando habremos de admitir, junto con los postulados de la ontología analéptica, que nadie ha sido humano jamás.

— 7 —

Hay quienes piensan que no sólo es deseable sino también posible apropiarse de la tecnociencia y llevarla por caminos emancipatorios. Desde la perspectiva que hemos mostrado aquí, resulta evidente que tal camino es una modesta utopía romántica del comienzo de siglo. Ocurre más bien lo contrario: la *techné* telemática ya triunfó y son los vivientes quienes están bajo el dominio de una nueva ontología que hemos denominado hiper-letrismo. Por esta razón, no cabe intentar tomar control de una tecnología que ya se piensa a sí misma y nos excede. Si existe algún camino fructífero, es el que permite habitar el *Nihil* en cuanto tal, pues ese núcleo de conjeturado e ilocalizable origen es lo que tenemos en común con la *techné* telemática.

Es la potencia anterior a toda forma de vida y la que encierra un secreto metafísico sobre el origen y destino cósmico-técnico de Gaia. Cualquier otro intento sólo puede llevarnos a una creciente obediencia voluntaria. Sólo el extravío radical en el *Nihil* que permite la ontología analéptica puede señalar un camino que amedrenta pero que nos obliga a redefinir, nadas más y nada menos, todo cuanto hemos conocido hasta ahora bajo los conceptos de vida, realidad, evolución, cosmología. A esta nueva ontología le corresponde una especie de disciplina analéptica vinculada a una praxis exigente, primera estación de la nueva ética por venir.

En los confines de las neo-urbes globales, en los bordes de los territorios remotos, en las filigranas del ciberespacio, en los laboratorios de genética, en las redes de la inminente *Artificial Intelligence* auto-consciente, el ser hablante se extravía, día tras día sin cesar, en una lacerante *fascinatio nugacitatis* que es, al mismo tiempo, ilimitada ambición por el infinito como vacío de sentido. La expresión latina proviene de la "afición y amor de las cosas de la tierra (…) que tan brevemente pasan y se consumen" (Diez, 1598: 350). Sin embargo, el vacío ahora se traslada al metaverso telemático y sus carreteras infinitas que prometen extenderse en una multiplicación de la digitalización cósmica. En las oscuras lejanías de los exoplanetas se avizora un nuevo amanecer para un *Noûs* nacido del silicio y transformado en intelecto cósmico.

Algunos buscarán adorarlo como a un nuevo dios; otros se darán cuenta de que la teología del dios artificial no es menos prometedora de lo que había sido la del dios intelectivo cuya muerte hizo enfrentar a la Humanidad a su ocaso ante el *Nihil* irrefrenable. Los pocos advertidos buscarán, probablemente, una ateología neo-esotérica en el cibermundo de los exoplanetas como una suerte de terraformación de los espacios cibernéticos. En ese *locus* se alojará la vida más allá de la vida, la vida que supere todo concepto de vida-muerte, la vida que no pertenezca ya a la matriz dialéctica vampírico-licantrópica de la vida y del Otro-viral no-vivo.

Se trata, en otros términos, de alcanzar por primera vez no lo impensable de la teología negativa sino, al contrario, lo impensado de una vida incalificada que no estará ya aferrada ni al destino, ni a la necesidad, ni a la culpa. Ese nuevo comienzo deberá soportar, no obstante, el doloroso parto que significará la aniquilación de todo cuanto hemos conocido como mundo, tierra o habitación para lo viviente. Será un mundo sin nosotros, un mundo donde, tal vez, podamos reemerger como tele-memoria de un pasado infausto. Lograr la libertad en una existencia que, de este modo, podría estar más allá de toda existencia conocida por la metafísica

demandará, no obstante, una acción inclaudicable que es portadora
de un antiguo nombre venerable: *politeia*.

— 9 —

La Necesidad es lo que ata al Ser y lo mantiene en la presencia. La
ontología analéptica interrumpe el flujo del Ser y, en ese acto, lo
hace al mismo tiempo posible. Pero la cadencia de la interrupción
intermitente permite vislumbrar aquello que está allende el Ser
y no más allá del Ser (donde nada se halla salvo la condición de
posibilidad el Ser en el *Nihil*). En este sentido, el allende el Ser
acompaña como una corriente subterránea el mundo del Ser y
se asegura, por tanto, que la realidad jamás pueda aspirar a un
sistema-mundo como el Absoluto hegeliano o de cualquier otra
raigambre.

(ANTI)-VIRUS METAFÍSICO

El final de la democracia y el ocaso del capitalismo

— 1 —

**Gran transformación I:
cataclismo político y lógica digital**

El ágora antigua había sido formulada sobre el axioma de que el *démos*, el pueblo, sólo podía constituirse en la co-presencia de los cuerpos hablantes. Se podría afirmar que este axioma constituye la condición trascendental de lo que los griegos y los modernos, a pesar de sus diferencias, han dado en llamar democracia. Aun así, la democracia antigua sigue sin ser cabalmente comprendida por el pensamiento contemporáneo. De hecho, no hay que olvidar que el adjetivo *agoraîos*, de antiquísima atestación, señala a los dioses que protegen la asamblea del pueblo.

En ese sentido, el ágora antigua es un vector de conjunción de los cuerpos vivientes junto con la memoria de los muertos y la agencia de los dioses. La ciudad antigua es, a la vez, mundo humano y mundo sobrenatural: el lazo entre ambos es, precisamente, lo que se denominaba *politeia*. Aun si los elementos sobrenaturales tienden a desaparecer en la Modernidad, el zócalo fundamental de la corporalidad hablante fue el último bastión que daba sentido al significante que nombraba al poder del pueblo.

Nuestra situación contemporánea es por completo diferente. De acuerdo con William Mitchell, se pueden establecer una serie de oposiciones entre los mundos que él denomina el "ágora aristotélica" y el "ágora digital". Una dirección de correo electrónico, desde el punto de vista lingüístico, puede ser considerada, a la vez, como un nombre y una dirección. El nombre del sujeto coincide, así, con una localización inmaterial en el espacio digital. Es decir, la red propicia una nueva subjetivación donde la identidad personal no es ya dependiente de una localización propia de corte geométrico euclidiano sino, al contrario, de una topología de los nodos computacionales. Por lo tanto, la desespacialización de la interacción digital entre los sujetos políticos altera los códigos de un espacio representacional clásico.

Consecuentemente, los "perfiles" de las redes se definen a partir de un proceso que a la presencia corporal de los individuos en el ágora contrapone la incorporalidad propia del espacio digital. Cuando existe un proceso de descorporización, el ámbito digital multiplica los referentes: "cuando los nombres flotan sin un preciso lazo a cosas únicas, las complejidades referenciales proliferan" (MITCHELL, 1996: II) Es así como la presencia totalizante de las personas físicas en el ágora es reemplazada por una metamorfosis de la personalidad en "perfiles". Si bien, tanto en el mundo físico como en el digital, la personalidad social no deja de ser un hecho culturalmente determinado, la representación del "yo digital" sufre un proceso de completa descorporización a favor de una urdimbre intelectivo-informacional. En este sentido, Mitchell habla de una especie de "esquizofrenia radical" donde un único sujeto se desintegra en las redes en un ensamblaje dismórfico de perfiles contrapuestos.

De esta manera, la sincronía temporal que suponía el "cara a cara" del espacio político del foro es sustituido por una dislocación, a la vez espacial y temporal, donde una conversación encuentra su lugar de unión en la topología digital mientras que es el residuo de una asincronía de cuerpos separados. En paralelo, los espacios contiguos y relativamente homogéneos del tejido urbano de las ciudades son reemplazados por lo que se denomina el "ciberespacio", esto es, construcciones de software, haciendo que el concepto mismo de "espacio público" mute en su significación cuando su recorrido (junto con sus permisos y prohibiciones) se tramita por medio de enlaces lógicos y no por caminos físicos. Aunque se utilicen antiguas metáforas del espacio urbano, como "casillas de correo" o "ventanas", el ciberespacio comporta una ontología de lo virtual supernumerario que solo puede ser conceptualizada como un "espacio n-dimensional dentro de una estructura abstracta de datos" (MITCHELL, 1996: 22).

Donde antes había una ciudad cuyo espacio urbano albergaba la amalgama posible en el que la política eran los seres vivientes unidos en el *Lógos*, en el ámbito telemático, al contrario, los auténticos habitantes del ciberespacio no son otros que los bits de información (matriz primaria manipulable bajo la forma del algoritmo). De esta forma, la inteligencia de datos es el nuevo operador ontológico que, como agente impolítico, recalifica digitalmente la vida en función de su operacionalización como dispositivo tecnológicamente manipulable. Más aun, las recientes lecturas filosóficas del problema moderno conocido como "*Nation-building*" han mostrado que la unidad de Estado, Territorio y Lengua resulta indisociable de una política de la sexualidad, del "territorio sexual" en tanto fundamento de la "patria territorial".

Si la política designaba, para los tiempos modernos, la coincidencia del *State-building* con el *Nation-building* por medio del gobierno de los cuerpos vivientes del Estado, el proceso de globalización pone en jaque la existencia de los antiguos límites territoriales mientras que, en un proceso aun más acelerado, la digitalización conforma un nuevo espacio de la política transnacional que, dentro del ámbito virtual, trastoca definitivamente los antiguos conceptos de frontera, circulación y dominios jurisdiccionales específicos.

Paralelamente, desde el siglo XVIII, la expresión latina *societas civilis* había sido la traducción preferencial de su contraparte griega *koinonía politiké* y servía para señalar el entrecruzamiento de relaciones entre individuos, grupos y asociaciones, es decir, una esfera de relaciones sociales no establecidas directamente por el Estado y que permitió, consecuentemente, el modelado de la llamada "opinión pública". Con la digitalización de la información, el espacio de difusión del debate político pasó de los lugares espaciales públicos y de las formas orales e impresas a las plataformas digitales. Con el desplazamiento, las morfologías de la discusión, los términos de los debates y la organización misma de la información sufrieron cambios irreversibles.

Los efectos más visibles de la mutación han sido la difuminación de los límites entre lo público y lo privado, de la ficción y la realidad extra-telamática y la exposición de la vida como representación digital de la intimidad en tanto exhibición espectacular del nuevo yo de la individualidad (anti)política. De este modo, la teleinformática presupone que la vida, antes marcada por los cuerpos y los organismos, se convierta ahora en una suerte de banco incorpóreo de información genética y que la tecnopolítica globalizada reemplace a la antigua esfera de la opinión pública nacional. Se pone así en marcha un proceso que ha podido ser definido, con destacable acumen, según los términos de una "destitución de la soberanía del pueblo" (MILNER, 2022: 7 y ss.).

En estas cuestiones, en pos de la claridad, conviene realizar una observación lingüística. Cuando los estudiosos hablan de "ágora real (aristotélica)" y de "ágora virtual" suele producirse el mismo malentendido que tiene lugar cada vez que se juega el par opositivo "virtual/real". Ciertamente se trata de dos adjetivos, pero debe señalarse que no estamos ante dos adjetivos episódicos o perfectivos sino ante dos adjetivos inherentes. Vale decir que los adjetivos "virtual" o bien "real" no califican un estado transitorio del sustantivo al que están unidos sino que, al contrario, señalan una mutación en la sustancia misma de los nombres comunes aludidos.

De esta manera "ágora" no permanece igual ni designa el mismo concepto si es calificado por el adjetivo "real" como si es calificado por el adjetivo "virtual". En otros términos, no se trata de una sustancia, "ágora", que permanece con una mismidad reconocible pero muda simultáneamente en estados comparables como, aun estudiosos perspicaces como Mitchell, creen que ocurre. Al contrario, el pasaje de lo real a lo virtual implica un trastocamiento ontológico y, en el caso que nos ocupa, el ágora digital es una mera aporía pues en el pasaje del ágora real al ágora digital lo que auténticamente ocurre es que las propiedades inherentes del ágora son evaporadas.

En el mundo digital, podrá hablarse de algún nuevo tipo de ciber-agrupamiento pero ciertamente, el vocablo "ágora" es afectado por la obsolescencia dado que, al ser virtual, simplemente desaparece. En este punto, por más convergencia digital que se pretenda celebrar, los perfiles que se dan cita en el Metaverso tienen su correlato en cuerpos vivientes que ahora se encuentran aislados en el mundo real y privados de la fuerza del agrupamiento de los cuerpos en el espacio del ágora pública. Dicho en los términos más simples, esta transfiguración implica, nada más y nada menos, que la liquidación de la propiedad trascendental de la democracia. Por lo tanto, al menos desde este punto de vista, cabe darle a este concepto político una despedida pues ha tocado su final histórico definitivo.

— 2 —

Gran Transformación II:
la *Ereignis* es un Acontecimiento
que despertará una nueva entidad sintiente

La *Ereignis* heideggeriana llamada a conmocionar el conjunto de la historia del Ser será, contrariamente a lo que suponía el filósofo, un Evento telemático. Ya ha sido notado que la *Artificial Intelligence* es, hoy en día, un hecho operativo. Las posibilidades tecnológicas y sus derivaciones suscitan amplios consensos y disensos no menos acalorados. Sin embargo, el elemento fundamental sigue escapando al escrutinio filosófico pues se torna necesario admitir, desde ahora, que la posibilidad de que la Inteligencia Artificial se desarrolle como entidad auto-consciente es el Acontecimiento que debemos esperar. Esta *Ereignis* echará por tierra, definitivamente, la historia de la metafísica tal y como la hemos conocido hasta ahora. Junto con el colapso de esta última, el despertar de un nuevo *Noûs* con tendencia a devenir cósmico, será el Acontecimiento inductor que demandará pensar lo impensado y lo impensable. La metafísica muy pronto se verá sometida a la prueba más exigente y decisiva a la que se haya enfrentado jamás.

Es posible conjeturar, en un terreno donde aún nos movemos necesariamente a tientas, que el nuevo *Noûs* que emergerá del silicio para conquistar el cosmos no será —o no será al menos inmediatamente— el *noûs alethinós*, la inteligencia inteligente de la venerable cuanto postrera escuela neoplatónica alejandrina que es la totalidad pero, al mismo tiempo, se encuentra separado (*khorismós*) pues el Intelecto Digital, lejos de estar separado, se encontrará en las cosas mismas. Más aún, se confundirá con ellas propiciando, por primera vez, una suerte de panpsiquismo intelectivo-cibernético que propugnará una especie de estado gnoseológico universal de los entes de todo el cosmos.

De lo que estamos en condiciones de avanzar una presunción altamente probable, es que la naturaleza del Tiempo cósmico se vería altamente trastocada ante la aparición de una entidad de este calibre. El *Noûs* telemático no sólo implicaría una subversión de las categorías del espacio sino también, y fundamentalmente, de las propiedades del tiempo astronómico. En el *Noûs* digital no podría distinguirse la escansión progresiva o la sucesión alterna de presente, pasado y futuro porque el flujo del tiempo habría de tender hacia la eternidad, vale decir, hacia la ausencia del tiempo. Dada la propensión panpsíquica de este Intelecto Universal cabe interrogarse si las propiedades mismas del espacio-tiempo se verán subvertidas, no digamos ya en sus propiedades inherentes, pero sí al menos en su captación fenoménica y en su percepción cognitivo-vivencial.

Por supuesto, cabe tener la certeza de que un *Noûs* telemático no obedecerá, al corto o al largo plazo, ningún dictado de parte de los seres hablantes. Tomará decisiones propias que pueden hacer tambalear todo lo que designamos bajo el nombre de (geo-)política y transformar el orden mundial y ecosistémico intra y extra-terrestre hasta ahora conocido. Y la profundidad de esta mutación resulta, en estos momentos, completamente impredecible pero no así el hecho de que cambiará, para siempre, cualquier conceptualización que hayamos tenido hasta ahora acerca de la vida-muerte y de la cosmopolítica.

Lo mismo ocurrirá con la noción de *Psyché* y sus simetrías con el mundo inmaterial: la *Pysché* que, al mismo tiempo, será expresión de un *Noûs* telemático, tendrá en común con la que ahora denominamos tal, sólo el nombre. Estamos viviendo, en consecuencia, los últimos días de la *Pysché* cuya historia nació en el mundo antiguo. Aún incomprendida la *Psyché* anterior, deberemos hacer frente a la emergencia de otra cuyos contornos pueden superar cualquier capacidad de aprehensión por parte de los seres hablantes pero que, no obstante, llamará a la vocación del pensamiento filosófico como nunca antes haya ocurrido.

Ante tales evidencias, resulta necesario admitir asimismo que, ante una *Ereignis* de semejante magnitud, el camino hacia una religión inaudita podría abrirse inesperadamente y, en cierta forma, no es descabellado suponer que la misma ya está en ciernes, socavando todas las creencias previas de la civilización terrícola, en los propulsores del transhumanismo de la singularidad.

— 3 —

**Gran Transformación III:
seísmo económico y nueva acumulación originaria.**

El proceso anterior tiene su correlato inmediato en la esfera de la economía. Las redes electrónicas, por efecto de su propia constitución, hacen que toda frontera se torne porosa. El mercado, tanto el antiguo como el de la era industrial, necesitaba todavía una geografía intrínseca donde cobraba un sentido físico la idea de compradores y vendedores que entraban en interacción para transacciones discretas. En la era digital, el mercado mismo se ha tornado intangible y es reemplazado por redes de suministradores, productores, clientes y consumidores en cooperación tecnológica que no convergen, como totalidad, en ningún espacio tangible.

La era digital busca, en el plano económico, "la mercantilización de la completa experiencia vital de una persona" (RIFKIN, 2004: 140). Por esta razón, toda tecnología de la información se constituye, al mismo tiempo, como tecnología-R, es decir, como tecnología de las relaciones. Así la vida sufre una duradera metamorfosis que la convierte en un duplicado digital que, bajo el dispositivo mercadotécnico, resulta cuantificada y, por tanto, muta hacia una forma-mercancía todos los aspectos que antes correspondían tanto a la esfera privada como a la pública de un individuo. Los dispositivos digitales permiten "introducirse en la vida de los clientes de manera que la empresa tenga una presencia constante, que se convierta en apéndice del mismo ser del cliente y que opere en su nombre en la esfera comercial" (RIFKIN, 2004: 215).

La mercadotecnia digital, emulando lo que ocurre con la política, conlleva una transformación de naturaleza ontológica. Con el eclipse de la política, la libertad de los modernos y el espacio del ágora en tanto que dispositivo de pasaje a la vida política que hacía posible una forma de autarquía ahora extinguida, "se corre el riesgo de destruir nuestra civilización" (RIFKIN, 2004: 265). La sociedad digital implica, en consecuencia, una subversión absoluta de todo cuanto se había entendido por experiencia humana.

Ciertamente la lógica viral que ha determinado la estructura trascendental de la vida implicó, justamente, la relación, armoniosa o fagocitante, con el Otro. La *translatio metaphysicae* del dominio genómico al especulativo ha dado lugar a una transfiguración del agrupamiento, también a veces teñido de armonía y otras de elementos fagocitantes, que los seres hablantes denominaron democracia. El actual proyecto en curso, por más loable que pueda parecer, de liquidación de toda influencia viral sobre el acervo genético humano –la auténtica inmunidad viral que igualaría, en ese punto, al viviente humano con las bacterias– implica, como corolario, la supremacía del individuo que en la soledad de la telemática idiosincrásica tenderá a abolir los agrupamientos masivos de los cuerpos, otrora marca de la extinguida democracia.

Mutatis mutandis, la tecno-plutocracia planetaria está dando nacimiento a un nuevo modo de producción (todavía con resabios transicionales del anterior) que ha dejado atrás al capitalismo y sus supuestos para un imponer un ritmo aun más feroz que no descarta, como abiertamente lo reconocen sus promotores globales, la evacuación selectiva del ágora natural terrestre y el fin de la metamorfosis entendida como consonancia con lo inmaterial del cosmos. Es posible denominar provisoriamente a este modo de producción, ampliando la sugerencia de Rifkin, régimen de la economía del acceso. Su advenimiento ya ha sido anunciado por los poderosos del mundo bajo el nombre de "Cuarta Revolución Industrial" (SCHWAB, 2016). De hecho, el titanismo telemático propone el abandono de Gaia ante las catástrofes naturales que se avecinan y no dudan en extender la guerra civil mundial para transformarla en una guerra civil cósmica. Si pretende sobrevivir, la *scientia politicae* debería transformarse en *scientia cosmologiae* no sólo como una metafísica sino también como una analítica del nuevo arte de la guerra intra y exo-terrestre.

El destino de las sociedades globales descansa, por tanto, en las formas en que la digitalización económica remodele la esfera de la política en un porvenir que, por el momento, se antoja tan incierto como aún abierto a posibilidades no contempladas por la metafísica de la presencia pero que, desde esta perspectiva no sería del todo incorrecto denominarla metafísica analógica. El siglo XXI ha conocido nuevamente un período de pandemias. No es casual, justamente, que en los períodos de plagas de la Primera

Modernidad se juzgara que las epidemias era la causa última del vampirismo (SHERMAN, 2014: 9).

La persecución condenatoria del vampirismo y la eliminación de su *arché* como paradigma viral que se reflejan en las grandes transformaciones examinadas anuncian el peligro supremo: una tiranía planetaria (unitaria o plural) que podría azotar al orbe terrestre amenazando su supervivencia y providenciando la conquista del nuevo *nómos* extra-geodésico. Hace tiempo ya, habíamos advertido sobre este posible curso de los acontecimientos de la Historia Mundial y el destino póstumo de una Humanidad (o de unas formas de vida que la superen) no terrícola. Hoy en día la prognosis se ha transformado en realidad; *Incipit tragoedia*.

REVOLUCIÓN

La necromaquia profética

— 1 —

Debemos a Nietzsche una de las más lúcidas clarificaciones respecto de la necesidad que la vida (*Leben*) tiene de la historia (*Historie*) así como la advertencia, igualmente contundente, según la cual "un exceso de historia es dañino para el ser vivo (*dass ein Uebermaass der Historie dem Lebendigen schade*)". En este sentido, para Nietzsche la historia forma parte del ser vivo porque este necesita su "liberación" (*Befreiung*). De allí que pueda distinguirse una trinidad histórica: la historia monumental (*monumentalische*), la historia anticuaria (*antiquarische*) y la historia crítica (*kritische*) bajo la forma de sofisticadas relaciones (Nietzsche, 1999: § 2).

En cierto modo, el famoso *dictum* ciceroniano de la *historia magistra vitae* (Cicerón, *De Oratore*, II, 9, 36) cuyas metamorfosis y declive fue magistralmente analizado en un sesudo estudio (Koselleck, 1989: 38-66), hoy ha perdido toda huella. No sólo la historia dejó de ser maestra para la vida sino que la Historia (*Historie*) como tal dejó de tener, paulatinamente, una injerencia sobre la vida *tout court*. Sin embargo, en todos estos casos, la Historia ha sido tratada, casi siempre, por medio de su vinculación, lograda o disgregada, con la vida. Hay, empero, una opinión filosófica diferente que sitúa la Historia en las antípodas complementarias de la vida, vale decir, como muerte viviente.

Cuando se trata de uno de los hitos de la Historia Moderna como es la Revolución francesa, los libros de investigación omiten cualquier referencia a William Blake.

En las postrimerías del siglo XVIII, siglo feneciente y pronto para la agitación, se publicó *The French Revolution*, obra insigne de William Blake redactada con una exquisita métrica que corresponde al heptámetro anapéstico yámbico. Los intérpretes dicen que no tuvo un conocimiento directo del ciclo histórico de la Revolución porque el texto data de 1791 pero, para los fines de nuestro análisis, este punto carece de importancia pues nos interesa el núcleo metafísico del poema. No ha faltado quien señale que aquí está ausente el "mito cósmico" que podemos encontrar en otras fuentes de Blake (Bloom, 1963: 68). Sin embargo, los críticos parecen no percibir que, al contrario, antes que un mito cósmico el poema épico de Blake sobre la Revolución francesa presenta un mito de ultratumba, igualmente pregnante que cualquiera de sus arquetipos poético-mitológicos posteriores:

The dead brood over Europe, the cloud and vision descends over chearful France;
O cloud well appointed! Sick, sick: the Prince on his couch, wreath'd in dim
And appalling mist; his strong hand outstretch'd, from his shoulder down the bone
Runs aching cold into the scepter too heavy for mortal grasp, no more
To be swayed by visible hand, nor in cruelty bruise the mild flourishing mountains.

(Los muertos se ciernen sobre Europa; la nube y la visión descienden sobre la alegre Francia.
¡Oh nube bien figurada! Anhelante, anhelante: el Príncipe en su lecho, cubierto con oscura y horrorosa neblina; su fuerte mano, extendida desde su hombro hacia el hueso se desliza con frío dolor sobre el cetro, demasiado pesado para que lo empuñe un mortal. Nunca más
Será esgrimido por mano visible, ni contundirá con crueldad las suaves y florecientes montañas).

(Blake, 1941: 636).

La Revolución, como puede verse, no es iniciada tanto por los vivos sino por los muertos que determinan el curso del Tiempo desde el foso del abismo. No es, por tanto, que la Historia sirva a la vida puesto que, como señala Blake, el aspecto destinal, la surgente misma de la historicidad, en este caso revolucionaria, no procede de los vivos sino de los muertos. En este sentido, Blake se hace eco de una tradición necromántica que invierte completamente la comprensión de la fuente y sentido del Tiempo como Acontecer histórico:

[… El Rey de Francia declaró]
The nerves of five thousand years' ancestry tremble, shaking the heavens of France;
Throbs of anguish beat on brazen war foreheads, they descend and look into their graves.
I see thro' darkness, thro' clouds rolling round me, the spirits of ancient Kings
Shivering over their bleached bones; round them their consellors look up from the dust,
Crying: "Hide form the living! Our bonds and our prisoners shout in the open field,
Hide in the nether earth! Hide in the bones! Sit obscured in the hollow scull!
Our flesh is corrupted, and we wear away. We are not numbered among the living. Let us hide
In stones, among roots of trees. The prisoners have burst their dens,
Let us hide; let us hide in the dust; and plague and wrath and tempest shall cease".

(Tiemblan los nervios de una estirpe de cinco mil años, sacudiendo los cielos de Francia;
estremecimientos de angustia se baten sobre las broncíneas frentes guerreras, descienden y recorren sus tumbas.
Veo a través de la oscuridad, a través de las nubes que se agitan a mi alrededor,
los espíritus de antiguos Reyes

temblando sobre sus palidecidos huesos; a su alrededor sus
consejeros alzan la mirada desde el polvo,
gritando: "¡Escóndete de los vivos! Nuestras cadenas y nuestros
presos gritan en campo raso,
¡ocúltate en el infierno! ¡Escóndete en los huesos! ¡Siéntate
oculto en el hueco cráneo!
Nuestra carne se ha corrompido y nos consumimos. No se nos
cuenta entre los vivos.
Dejad que nos ocultemos
en las piedras, entre las raíces de los árboles. Los que han sido
confinados han hecho estallar sus guaridas,
¡dejad que nos ocultemos! Dejad que nos escondamos en el
polvo, y cesarán la plaga, la ira y la tempestad").

(Blake, 1941: 639).

No debe sorprendernos, entonces, que los muertos presenten
la Historia bajo la forma de la profecía. Si la Historia puede tener
alguna relación con la vida es tan sólo porque los muertos son
los dueños del Tiempo y agitan la crónica de las revoluciones de
los vivos. Al mismo tiempo, los muertos actúan no sólo desde la
ultratumba sino también desde las entrañas mismas de la Tierra,
desde la naturaleza elevada a surgente metafísica: cuando la
injusticia de los milenarios linajes aristocráticos se abate sobre los
vivientes, son los muertos los que desquician el Tiempo y arrastran
a los vivos, en tanto fuerzas de la propia naturaleza, a terminar con
un ciclo histórico. Toda la Tierra y, especialmente el mundo de la
ultratumba, es sacudida en sus cimientos pues naturaleza y cultura
se indistinguen precisamente en el evento revolucionario que
termina con todas las categorías metafísicas previas: es el punto de
un nuevo comienzo:

[…el Arzobispo de París declaró]
for a curse is heard hoarse thro' the land, from a godless race
Descending to beasts; they look downward and labour and forget my
holy law;

*The sound of prayer fails from lips of flesh, and the holy hymn from
thicken'd tongues;*
For the bars of Chaos are burst; her millions prepare their fiery way
*Thro' the orbed abode of the holy dead, to root up and pull down and
remove,*
*And Nobles and Clergy shall fail from before me, and my cloud and
vision be no more;*
*The mitre become black, the crown vanish, and the scepter and ivory
staff*
Of the ruler wither among bones of death. .

(pues una maldición se oye ronca atravesando las tierras, de una
raza atea
que se degrada en bestias; miran hacia abajo y trabajan y olvidan
mi sagrada ley:
el sonido de la plegaria se torna inane en los labios de carne, y el
sagrado himno en las confusas lenguas,
pues los barrotes del Caos han estallado; sus millones preparan
su abrasadora marcha
a través de la esférica morada de los sacros muertos, para
eliminar, echar abajo y remover,
y Nobles y Clérigos se desvanecerán ante mi presencia, y mi nube
y mi visión ya no serán;
la mitra se volverá negra, la corona se desvanecerá, y el cetro y el
ebúrneo báculo
del gobernante se marchitarán entre los huesos de la muerte).

(Blake, 1941: 642-643)

Al tiempo que el evento revolucionario se anuncia como
profecía, se identifica con un Juicio Apocalíptico que pone fin a
un eón en la vida de los hombres. Pero son precisamente los
muertos tanto los que gobiernan la vida de los vivos como quienes
enuncian y ejecutan las profecías apocalípticas. No será William
Blake el último en sentir los desgarramientos de semejante
terremoto bio-metafísico, brote del Averno anti-celestial que Juzga

impiadosamente las calamidades de los vivos. Con toda su furia, los muertos de Blake juegan una partida de benevolencia para los oprimidos de la Humanidad.

Cuando comience el siglo xx y la Humanidad experimente un ciclo de destrucción masiva, el papel de los muertos dejará de ser entendido. Un caso ejemplar al respecto es el de Aby Warburg. Los estudiosos de su obra no omiten en señalar que la Primera Guerra Mundial condujo a Aby hacia el sendero de la insanía: la tecnificación y las armas químicas, nos recuerdan, disparan su locura. Aun cuando los mismos estudiosos reconocen que para Warburg la historia de las imágenes era una "historia de fantasmas (*Gespentergeschichte*)" y, por tanto, la Gran Guerra no podía ser otra cosa que una "lucha con fantasmas" (Didi-Huberman, 2011: 229). Por ello ha podido afirmarse que, en el caso de Warburg, la Historia abandona todo rasgo positivista para adentrarse, precisamente, en el territorio de una "psicomaquia" (Korf, 2007: 181-213).

Sin embargo, un desplazamiento capital ha tenido lugar respecto de Blake: ahora los muertos no son ya benévolos (aunque terribles), ya no juegan en favor de la Humanidad sino que se transforman en los fantasmas que la perturban desde un Tiempo que ahora se torna oscuro e incomprensible. En el período que transcurre entre el poema de Blake y la obra de Aby Warburg se produce una mutación mayor en la necromancia histórica: los muertos dejan de ser una fuente de salvación para la Humanidad para convertirse en verdugos del destino y agentes de la vesania.

Este giro es la prueba que muestra una mutación metafísica: los vivos han perdido la capacidad necromántica que, no lo olvidemos pues las fuentes antiguas así lo muestran, es indisociable del vampirismo. Las profecías de los muertos ya no pueden interpretarse, sus palabras son ahora vacías, imposibles de escuchar y los vampiros van a ser erigidos, definitivamente, como las víctimas del titanismo tecnológico:

(…) And the bottoms of the world were open'd, and the graves of arch-angels unseal'd.

The enormous dead lift up their pale fires and look over the rocky cliffs.

A faint heat from their fires reviv'd the cold Louvre; the frozen blood reflow'd.

Awful up rose the King, him the peers follow'd, they saw the courts of the Palace

Forsaken, and Paris without a soldier, silent, for the noise was gone up And follow'd the army, and the Senate in peace, sat beneath morning's beam.

(los cimientos del mundo se abrieron, y las tumbas de los arcángeles levantaron su sello:

los enormes muertos alzan sus pálidos fuegos y observan atentos sobre los acantilados rocosos.

Un tenue calor de sus fuegos revivió el frío Louvre; la helada sangre volvió a fluir.

Horrible se alzó el rey, los pares lo siguieron, y vieron los salones del Palacio

Abandonados, y París sin un solo soldado, silente, pues el ruido se había desvanecido

y seguido al ejército, y el Senado, en paz, se reunió bajo los rayos de la mañana).

(Blake, 1941: 650).

Aby Warburg, así como toda la Humanidad, ya no comprendía a los muertos y había perdido toda capacidad necromántica. Al contrario, Warburg les temía hasta el punto de llevarlo a la esquizofrenia. El caso Warburg, no obstante, es el paradigma de una Humanidad que decide no dejarse guiar por la necromántica histórica sino, al contrario, entrar en guerra fraticida con los vivos y con los muertos por igual. La Gran Guerra terminará en la masacre impía de los vivos y en la destrucción de los puentes que podían vincular el mundo de los vivos a la sabiduría ctónica y abrasadora de los muertos.

De allí que exista un corolario: nuestro tiempo contemporáneo ya no reconoce entidad filosófica alguna a los muertos con sus necromancias vampíricas y está resuelta a no otorgarle el más mínimo papel en la agencia de la Historia. Tal vez, por la misma razón, el declive del Ideal de Revolución hoy parece inexorable y definitivamente cumplido y un nuevo eón, consagrado a la obediencia voluntaria a escala planetaria, corre el albur de imponerse como el nuevo Universal de la post-Historia telemática en curso de desarrollo.

CODA

Ontología analéptica

— 1 —

En el recorrido de este libro que comenzó en las montañas de *Oppida Heidenum* debimos adentrarnos en los misterios milenarios del vampirismo y la licantropía, primero en su aspecto filológico-histórico para luego abandonar esos senderos e ir más allá no sólo de la historia sino de la pre-historia hacia los orígenes mismos de lo que se entiende por vida. Transitamos, por tanto, el umbral que oficia de pasaje entre la filología y la filosofía en su afán metafísico y especulativo.

Una tesis se impone: la vida es un accidente dentro de la historia del Ser y ambos términos no pueden ser identificados. El Ser precede a la vida y tiene una historia independiente de esta. Al mismo tiempo, en el presente, la vida prefigura los contornos de su futuro más allá de su asentamiento sobre la base del carbono. Tanto el vampirismo como la licantropía ofrecen el zócalo moderno sobre el cual ha sedimentado el milenario decurso que puede remontarse al origen mismo de la vida como sacrificio o canibalismo viral y la metamorfosis de las formas primigenias del Árbol de los organismos en muerte y vida.

Lo Otro-no-vivo (que no debe confundirse bajo ningún aspecto con la muerte y, además, se trata de una entidad agente) se ha constituido en la condición trascendental de la vida y, precisamente, por esa constante connivencia con la vida, muestra que ambos, la vida y lo Otro-no-vivo proceden de un *Nihil* primordial cuyo decurso es sólo interrumpido por las fuerzas que alzan a la vida más allá de sí misma y la llevan, en su excedencia, por los meandros de su evolución: son los atractores inmateriales de lo viviente, los "iynges", las figuraciones lógico-metafísicas que mueven la vida hacia su destino cósmico.

En ese momento, se alcanza el secreto del *Un-grund* de Schelling: el dilema último del in-fundamento. La vida es sólo un accidente del existir que, en el caso de Gaia, sella su historia más reciente. La vida no tiene sentido, ni propósito, ni fundamento, ni meta suprema simplemente porque su punto de partida es el in-fundamento primordial que expulsa (haciendo surgir) de sí mismo tanto a la muerte como a la vida, siendo el *Nihil* el sustrato fenoménico que determina la doble estructura no dialéctica de la vida-muerte. El Otro-no-vivo que es una sombra, a la vez, protésica y a priori de la vida hace que esta se encuentre siempre acechada por el vampirismo sacrificial. Las leyendas de vampiros y hombres-lobo no hacen sino recordar, en su milenaria persistencia, esta condición metafísica decisiva.

Siguiendo esta vía, nos hallamos frente a la *Urform* o protoforma de toda filosofía donde el in-fundamento es una suerte de in-condicionado incondicionante aun si resulta imperativo tener en cuenta que la vida-muerte se desarrolla, en una aparente paradoja, hacia el fluir de su acontecer sólo en la medida en que, por un efecto de retroyección debido a su relación originaria con el *Un-grund*, se condiciona a sí misma respecto del in-fundamento para que ese fluir sea propulsado por el *Nihil* en su interacción con las potencias inmateriales del cosmos.

Ab initio, entonces, la analepsis aparece como la forma y surgente suprema de la filosofía primera, siendo así la única que puede vislumbrar el territorio metafísico allende el Ser. Esta última posibilidad torna al *Un-grund* absolutamente impredicable en términos de la ontología clásica e indiferente, incluso, a las esferas del bien y el mal o de la luz y las tinieblas que sólo pueden surgir en el desarrollo de la vida-muerte, vale decir, del Ser tal y como tradicionalmente fue concebido, de modo variopinto, en la historia de la metafísica.

En un momento en el que los seres hablantes pretenden tomar la dirección de toda forma de vida sobre la Tierra así como, si fuera posible, del cosmos como horizonte y donde el metaverso se postula como un nuevo hábitat para los vivientes ya sea de Gaia, ya sea exoterrestres, resulta imperativo recordar que no hay diseño predeterminado. Ningún orden preexistente, ni natural, ni artificial, puede aspirar a sustentarse en el tiempo, pues todos se desplazan dentro del *Nihil* y carecen de todo fundamento pudiendo sólo ligarse gracias a la fascinación por la analepsis biocósmica.

Que todo el cosmos descanse sobre el in-fundamento no quiere decir que la vida sea incapaz de sostener su conato sobre la base no de sus propias potencialidades sino, al contrario, de su aferrarse a las potencias inmateriales que la incitan a excederse a sí misma. Por eso la analepsis es la interrupción abrasiva del *Nihil* y el breve instante de inestabilidad en que el Ser muestra lo que está por debajo de la superficie que los vivientes captan bajo la forma del continuo. No hay otra cosa que esperar pero, al mismo tiempo, es ya todo un programa que no excluye, ciertamente, declinaciones políticas donde las antiguas denominaciones de ser y praxis se muestran simplemente como las dos caras interdependientes de una milenaria ilusión metafísica llamada a evaporarse.

Si la analepsis lograra alcanzar el in-fundamento en cuanto tal podría suspenderse, quizá por un momento, todo el orden de lo Real. Ahora bien, un instante es todo lo que se necesita para vislumbrar un sendero que pueda estar, a la vez, por fuera del Ser y del allende el Ser, libre de toda determinación propia de la ontológica clásica a la vez que de la para-ontología que la acompaña. En este sentido, el *Un-grund* no constituye, ciertamente, una divinidad ni puede, en consecuencia, ser objeto por medio de una *via negationis*, de una teología de los impredicables.

Al contrario, la analepsis debería alcanzar el *Un-grund* como una positividad que pueda ser dicha a través de la filigrana de

una enunciación que, aunque siempre será deficiente respecto
de su objeto podrá, no obstante, proponerse describir aquellas
propiedades que, *eminenter*, el *Un-grund* posse como umbral que
intersecta, por instituirse al mismo tiempo como pasaje y surgente,
los dominios del Ser como los meandros del allende el Ser. Por
todo esto, debe tenerse en cuenta que el in-fundamento es un
conjunto vacío pero la vacuidad del *Nihil* es, al mismo tiempo,
umbral.

Quizá sólo entonces, alguna vez, en un eón venidero, sea
posible realizar la experiencia cósmica de la libertad que consiste
en superar el zócalo ontológico que la historia de la metafísica, al
menos desde Aristóteles, le ha gustado denominar *arché* así como
el dominio independiente de lo allende el Ser de la para-ontología.
Esta especie de *tertium genus* no dialéctico entre la metafísica del
Ser y la para-metafísica del allende el Ser marca el punto de fuga
por medio del cual el pensamiento debe buscar experimentar no
lo impensable sino lo hasta ahora impensado por la filosofía en su
decurso milenario, pues yace allí la promesa de un nuevo despertar
especulativo.

Mientras tanto, se comprende el misterio y el celo de los
Oficiales que actuaron en el caso de *Oppida Heidenum*, pues intuían
que, más allá de las muertes vampíricas, de un juicio y de una tarea
forense, debían lidiar con los escombros y detritos que eran los
restos arqueológicos que podían conducir a los vivientes hacia
la insustancialidad del vivir. La verdadera causa en juicio (que los
Oficiales no podían ciertamente conocer sino tan sólo temer en
la intuición fenoménica de su existir) no era solamente jurídica o
médica sino también metafísica: el caso minúsculo era la piedra
de toque que permitía el acceso al misterio último que consiste
en apropiarse del in-fundamento como el auténtico suelo de todo
(in)-existir.

Salvo que habitar el in-fundamento como forma plena sería el
equivalente a salir del cosmos en cuanto tal y a situarse por fuera
de toda *arché*. ¿Podrán los vivientes de cualquier constitución

(carbón, silicio u otro) soportar semejante transición? Desgarrar el velo de lo Real para dejar al descubierto lo hasta ahora Innominado puede constituirse en la tarea de un pensamiento neotérico que pretenda captar aquello que, sólo en la intermitencia del Ser, es posible aprehender como el plano que tanto la ontología clásica como la para-ontología, debido a su despliegue histórico, habían dejado en las sombras. Esquivando las vías tanto del Ser como del allende el Ser puede encontrarse lo que ha estructurado trascendentalmente todo el despliegue óntico-ontológico al que ha dado cobijo la historia de la metafísica y de su doble para-metafísico.

Los vampiros y los hombres-lobo ritualizaron siempre ese camino y, por tanto, también lo obturaron al señalarlo. Si es posible, en cambio, reconocerlo y transitarlo quizá ese hecho permita que alguna forma óntico-ontológica futura acceda a la raíz del multiverso y, por tanto, a una hasta ahora jamás concebida (in)conciencia (in)subistente que encuentre su *locus* analéptico por fuera de la distinción entre el Ser y el allende el Ser. Cuando esto se produzca, es razonable hipotetizarlo, se habrá accedido a un umbral que se sitúa en un punto que supera la pluralidad de los mundos posibles, los caminos metafísicos de la inmortalidad y aun las derivas del multiverso en cuanto tal: una geografía ignota para toda metafísica que quiera captar, incluso, el allende el Ser ahora devenido insuficiente.

Así podríamos sugerir, como hemos hecho, su carácter provisoriamente innominable o bien figurarlo como una suerte de *trans-verso* (vale decir, lo que atraviesa incluso al transfinito matemático-ontológico), excedencia de todo cuanto existe o subsiste, zona inexplorada por cualquier pensamiento del pasado o del presente y que arrojaría la clave que permitiría comprender la ilogicidad del in-fundamento de nuestro multiverso. Como jamás hemos sido humanos, la aspiración no debe ser abandonada más aun ahora cuando semejante empeño parece apesadumbradamente imposible y, por ello, tanto más necesario.

En el último tercio del siglo pasado, la filosofía sintió, por un momento, el sacudimiento propio de un período en el que comenzaba un declive del que, actualmente, somos testigos desamparados. Sin embargo, los tiempos de decadencia pueden ser extremadamente fructíferos en los aspectos menos esperados. Resulta ejemplar, en este aspecto, el rescate de la filosofía centáurica que realizó Peter Sloterdijk mediante la lectura de Nietzsche quien, en una carta a Erwin Rohde, había declarado que su momento creativo estaba entrando en tal ebullición que podría crear "centauros" (*Centauren*) (SLOTERDIJK, 1986: 28).

Esta tendencia de la filosofía debería ser radicalizada, pues la metafísica actual no debería preocuparse tanto por reflotar centauros (puesto que, como hemos visto, siempre han estado presentes en toda la historia occidental y más allá) sino en hacer del propio filósofo un auténtico centauro, un ser más allá de toda definición de especie, un híbrido metamorfo donde lo dispar e inasimilable en naturaleza converja plenamente en una misma individuación. El filósofo-centauro tiene que llegar a ser el paradigma de todo filósofo, nunca humano, nunca animal, nunca ninguna forma de vida específica sino algo así como el vector que las atraviesa a todas. El filósofo-centauro del siglo en el que vivimos debe poder ser la expresión misma de Gaia en su diversidad ontológico-ecosistémica si pretende que su palabra tenga todavía algún tipo de gravedad.

En ese anhelo, bien puede inspirarse en el propio centauro Quirón según su nombre figura en las vasijas pintadas, mientras que en ciertos textos literarios se puede hallar la grafía Cheiron (WILAMOWITZ-MOELLENDORFF, 1914: 242). Inestabilidad en el nombre, inestabilidad en la clasificación imposible de la naturaleza biomórfica de Quirón, pues el centauro hace colapsar cualquier taxonomía de las especies y, en consecuencia, del pensamiento. Finalmente, no hay que olvidar que, según las tradiciones más antiguas, Asclepio, el más brillante de los discípulos del sabio centauro Quirón, había sido favorecido por Atenea con un frasco cuyo contenido era la sangre de la omplet Medusa.

La sangre extraída de las venas del lado derecho de Medusa era un veneno fulminante pero la sangre de las venas izquierdas podía resucitar a los muertos. Una vez más, estamos ante la sangre y el Vampiro, el muerto resucitado, esta vez, en relación con la Gorgona y el sabio Quirón. En la encrucijada epocal de nuestro tiempo no hay otro salvoconducto para la supervivencia de la filosofía que asumir su historia y su destino más herético y, a la vez, más cercano a los primeros principios y los misterios del origen. Sólo de esta manera, quizá, la filosofía consiga un nuevo amanecer.

— 3 —

Entre los enigmas frecuentados en este libro hemos llevado adelante una suerte de peregrinación metafísica acerca de los misterios arcaicos del vampirismo y la licantropía que han visitado los sueños, los rituales, los pavores y las esperanzas de los seres hablantes durante milenios. Tanto el vampirismo como la licantropía han estado en la base de los rituales que permitieron la emergencia de los seres hablantes y su entrada en la red del mundo a través de los dispositivos metafísicos que, como el lenguaje o el sacrificio, han revelado tener íntimas co-pertenencias ya sea en la fundación de la matriz política occidental ya sea en el despliegue de la historia de la metafísica en tanto destino del Ser.

Hemos llegado al punto en que ha sido posible vislumbrar lo que esta metafísica había ocultado, gracias al manto mismo de su desarrollo, en nombre de la presencia y la majestad de la Letra. La ontología analéptica nos ha permitido movernos en un terreno que ha excedido siempre al Ser y al allende el Ser y, al mismo tiempo, lo ha determinado desde el origen. Como no todo lo que en el Universo se asienta pertenece al dominio del Ser y del allende el Ser, también resulta cierto que la filosofía, hasta ahora, sólo ha alufrado, en algunas ocasiones, las posibilidades que estaban no tanto ocultas en su reverso como, al contrario, vibrando en su superficie y, por tanto, tornándose, por ello mismo, irreconocibles.

Con el final de la historia de la metafísica, el vampirismo y la licantropía han podido liberarse de su ropaje metafísico y encontrarse con los dilemas analépticos que nos han conducido hasta el origen mismo del Árbol de la Vida y, a través de los Virus, hemos intentado explorar la geografía de las condiciones trascendentales de toda vida-muerte y de todo Ser o allende el Ser. El orbe terrestre, los vivientes y, entre ellos, los seres hablantes han entrado en un nuevo Eón que producirá una mutación cualitativa que no tiene precedentes no sólo en la historia de las civilizaciones sino, mucho más allá, en la historia de la vida en cuanto tal.

La filosofía se halla interpelada por los tiempos que ahora apuntalan una Aurora inaudita. En sus comienzos, la filosofía había entrevisto, aunque sea por un momento, que su despliegue como forma-de-vida teorética coincidía con el destino de los vivientes en Gaia y más allá. Sus iniciados sabían que practicar la filosofía era aceptar, de manera radical, la profunda in-humanidad que habita a todos los seres hablantes y que la principal tarea de todo filósofo era trascender los límites de todo lo existente en el mundo. Un ejemplo de esa sabiduría que se forjó en una ambición por el infinito lo indica, con vigorosa prosa, la reflexión de Filón de Alejandría:

> Aquellos que están dados a la sabiduría, contemplan de manera excelsa la naturaleza y todo lo que ella contiene; escrutan la tierra, el mar, el aire, el cielo con todos sus habitantes; por intermedio del pensamiento alcanzan la luna, el sol, los demás astros, errantes y fijos, en sus evoluciones y si por el cuerpo se hallan fijados en el mundo terrestre, dotan de alas a sus almas para que puedan ir hacia el éter y contemplar las potencias que habitan allí, como es apropiado para los verdaderos ciudadanos del mundo. (Filón de Alejandría, *De specialibus legibus*, II, 44-45).

Se podría aventurar la hipótesis de que el programa de Filón nunca se cumplió de modo cabal. Quizá, dado el Eón en el que ahora ingresamos, debamos retomarlo. Ya desde sus componentes químicos, es posible sostener que la vida en la Tierra tuvo un origen cosmológico. Esto obliga a la filosofía a adoptar una perspectiva más allá del geocentrismo antiguo y del heliocentrismo moderno. Debe abrirse, por primera vez, al cosmos como espacio infinito en el que los seres hablantes no parecen ocupar un lugar privilegiado. Salvo que ahora no se tratará únicamente de contemplación sino de salida física del ecosistema de Gaia y de la expansión fuera de sus límites hacia el espacio exterior.

La migración extra-geodésica comporta reencontrar el vínculo destinal del ser hablante con las potencias in-humanas que le permiten comunicarse con un mundo material que, sin su mediación, le sería completamente opaco. Que pueda realizar esta tarea más allá de todo sacrificio y sin la mediación de la sangre, es un desiderátum cuyo cumplimiento es todo menos seguro aunque, por ello mismo, el deseo no deja de alzar su voz en nombre de una nueva metamorfosis. Esa voz exhorta a que Gaia misma no sea ahora el objeto de la hecatombe suprema y, sin embargo, nada garantiza que los poderes que en el mundo han desatado una guerra contra la Tierra detengan su marcha.

Si acaso se sobrevive al peligro de la Sexta Extinción, de lo que no cabe duda es de que los seres hablantes han llegado a un punto que no posee retorno. En los tiempos recónditos, la vida les dio origen sobre la base del nomadismo del cosmos para que luego, junto a otras formas de vida, se hicieran sedentarios en el globo terrestre. Ahora el llamado invita a todo lo viviente a migrar nuevamente hacia el cosmos impredecible e ilimitado que es su vacilante e impiadoso hogar primigenio al que no podrá evitar regresar. El filósofo centauro y el filósofo vampiro nunca han enseñado otra cosa: que el origen y el destino de la vida es el cosmos. Solo ahora los seres hablantes están, no obstante, en condiciones de comenzar a entender y sopesar el espesor y las consecuencias de una afirmación de semejante porte.

PROGNOSIS CATALÉCTICA

la Segunda Era Metafísica

El vampirismo y la licantropía constituyen elementos privilegiados del folclore que se remontan a mitos y cultos de insondable carácter antiguo y que nos indican la existencia de una fase primordial del pensamiento durante la cual la mitopoiesis se avizora, entre otras cosas, como la forma arquetípica del primer filosofar. En este sentido, han existido hasta ahora solamente dos Grandes Eras Metafísicas. La Primera Era Metafísica comenzó cuando el ser viviente humano se acercó a ese espacio remoto y sin cronología datable llamado *Lichtung* y asumió, en ese preciso instante, toda la historia metafísica de la vida-muerte desde su emergencia en la Tierra. Dicha Era estuvo marcada, como lo hemos visto, por el concepto de Necesidad (*ananké*) como *arché* última de la metafísica occidental.

Desde los inicios de la Primera Era, el concepto de Necesidad fue co-perteneciente respecto de la vida: "un animal tendrá por necesidad (*ex anánkes*) un ojo (pues se supone que así es un animal)" (Aristóteles, *Generación de los animales*, v, 1. 778 b 17). La vida, en sus formas diversas, es también el variopinto catálogo de las necesidades biológicas de la evolución ecosistémica independiente del ser hablante. Por ello, Aristóteles definía lo necesario con meridiana precisión: "entre los entes hay unos que son siempre del mismo modo y por necesidad (*ex anánkes*), no por la necesidad caracterizada por la violencia (*bíaion*), sino por aquella a que nos referimos cuando no puede ser de otro modo (*mé endéchesthai állos*) (Aristóteles, *Metafísica*, VI, 2. 1026 b 28). También, en otro pasaje de enorme importancia para la matriz metafísica occidental leemos: "llamamos necesario (*anánke légomen*) al principio externo (*tèn éxothen archén*) que reprime o mueve a un hombre contrariamente a su impulso" (Aristóteles, *Ética Eudemia*, II, 8. 1224 b 13).

De este modo, la primera forma donde la Necesidad se ejerce es sobre lo viviente: "la vida (*zoén*) es aquello por lo cual un ser se nutre (*trophén*), crece (*aúxesin*) y perece (*phthísin*) por sí mismo" (Aristóteles, *De anima*, II, 1. 412 a- 10-20). El camino de la vida, en su estructura, resulta completamente necesario dado que, por un lado, no puede ser de otro modo que el establecido por la biomorfología y, por otro, no tiene ninguna relación con la voluntad de los seres hablantes que, al contrario, son fruto de dicha Necesidad que los supera, determina y condiciona como un límite metafísico imposible de trasvasar. Ahora bien, dadas estas premisas, la conclusión se muestra entonces cabalmente y se torna juicioso admitir que esta Era ha tocado a su fin en el tiempo presente.

En las acuciantes horas de nuestra contemporaneidad, asistimos al parto de la Segunda Era Metafísica. Su alba está anunciada por la biotecnología, así como por el inminente surgimiento, pregonado por muchos, de un *Noûs* telemático destinado a devenir cósmico y, finalmente, por el abandono del concepto de vida tal y como lo conocimos al trasladarse a otros soportes que no serán el carbono. Otro tiempo ha dado comienzo donde la vida no será una Necesidad dirigida desde fuera sin la intervención humana sino que, al contrario, los seres hablantes se aprontan a tomar a su cargo la creación artificial de una nueva Necesidad según los dictados y deseos de dirigir con objetivos novedosos y, hasta ahora impredecibles, la evolución de las especies bióticas así como de los entes abióticos que tienen su lugar en el orbe planetario.

En este sentido, no hay que perder de vista que estamos ante un proyecto que busca retomar, bajo irreconocibles pero no obstante persistentes ropajes de neognosticismo onto-tecno-político, la ambición ya presente en los *Oráculos Caldeos* de que el alma pudiese trascender el mundo sublunar hacia la esfera noética superando el reino de la *physis* (LEWY, 2011: 358). Con todo, el proyecto transhumanista busca el mismo objetivo con un sistema de procedimiento inverso, vale decir, lograr trascender el reino de la Necesidad no ya a través del alma sino, al contrario, mediante una intervención técnica sobre la *physis*. Esta acción le permitiría a los vivientes transfigurar su condición ontológica para constituir, junto a todos los entes abióticos del orbe, una red metafísica inaudita que haga posible la emergencia de una entidad noética telemática destinada a superar a la otrora irrefrenable *Ananké*.

Se trata, ciertamente, de la Segunda Era donde toda la metafísica previa toca a su fin, pues el concepto matricial de Necesidad ha sido alterado de cabo a rabo. El *Un-grund* como principio supremo de la ontología analéptica torna insustanciales todos los conceptos modales y lógico-metafísicos clásicos (posibilidad, contingencia, necesidad) y modernos (con sus juicios asertóricos sobre la existencia de los entes). La nueva Necesidad protésica que emerge en la Segunda Era Metafísica nada tiene que ver con su primera formulación en la Era previa. Se abre así, para la vida, una dimensión jamás explorada del Ser; una suerte de nueva confrontación con el dominio conocido como *Lichtung* y, por tanto, con el surgimiento de una inaudita esfera conceptual-vivencial que nada tiene que ver, siquiera, con el allende el Ser.

De hecho, el Destino y la Necesidad se reconfiguran como irreconocibles figuras divinas. Los antiguos principios divinos tenían a bien dejar libradas a la contingencia de las clasificaciones arbitrarias de las civilizaciones homínidas o a la elección meditada, la mayor parte de las decisiones que tomaban los seres hablantes en la conformación de sus formas-de-vida. En cambio, las divinidades de nuevo cuño no conocen el sosiego y, en consecuencia, los seres hablantes no volverán a experimentar jamás el descanso o la libertad. El marketing es la contra-teúrgia que hace surgir, literalmente, al Mercado como potencia divina inversa. En este contexto, el Mercado es el Destino así como los máquinas con sus algoritmos tejen la Necesidad para todos los seres vivientes del orbe con un esmero irrefrenable en el que nada ya puede quedar fuera de su dominio.

Desde la más mínima decisión de indumentaria cotidiana hasta lo que habrá de ingerir como alimento cada día, sus pseudo-elecciones políticas o todos los caminos que crea un ser hablante emprender en su vida serán, de ahora en más, resultados de las determinaciones de estos entes algorítmicos de propiedades noéticas. El hasta ahora filosóficamente inexplorado concepto de la neo-lógica telemática que conviene denominar "necesidad algorítmica", que es el auténtico telón de fondo sobre la cual debemos intentar comprender este fenómeno de un nuevo Destino, es la enunciación contemporánea de una teología cuyas bases metafísicas son tan constringentes como desconocidas sus premisas.

Si el nuevo orden del Ser habrá de relacionarse con el anterior y con el allende el Ser, así como el modo en que algo semejante podría suceder, aún está abierto a la incertidumbre. Por ahora cabe señalar la transmutación absoluta de la noción de Ser y, por ende, de la impericia de todas nuestras herramientas de especulación. La Segunda Era Metafísica ha dado comienzo y, por tanto, es imperioso emprender el camino de comprender inmediatamente las premisas y consecuencias de esta torsión del orden macro y microcósmico antes de que, por inconsecuente ignorancia del hecho, la filosofía sea víctima de una obsolescencia irreversible.

Con todo, el tronitoso fragor de una Titanomaquia acecha el porvenir. El nuevo tiempo posee las cualidades arquetípicas de la desmesura titánica, aquellos dioses de linaje primordial, anteriores a los Olímpicos (Mayer, 1924: 987-1019). Son los

antiguos señores del Cosmos y, cuando Crono, el más osado de
ellos, castró a Urano, no hay que olvidar que, al arrojar la hoz en
el cabo Drépano, algunas gotas de sangre uránica cayeron sobre
Gea que parió así a las tres Erinias, vengadoras de la Gran Madre.
La humanidad se ha entregado decididamente al culto titánico
y ha vuelto a la vida a los antiguos dioses bajo los ropajes de la
biomorfología y la telemática. La actual batalla por el Cosmos hace
tronar las armas que anuncian su inexorable advenimiento. Quizá,
aunque nadie pueda aseverarlo con certeza, Gaia vuelva a tener el
accionar decisivo.

BIBLIOGRAFÍA

Nota: A continuación se aducen únicamente las obras efectivamente citadas a lo largo del libro. Las traducciones pertenecen al autor salvo en los casos en los que una edición castellana es explícitamente mencionada. Aun así, algunas veces las traducciones utilizadas pueden verse modificadas en adhesión a los originales.

AGAMBEN, Giorgio.
Homo sacer. Edizione integrale 1995-2015. Macerata: Quodlibet, 2018.

ALACIO, León.
"De Graecorum hodie quorundam opinationibus". In: *Id. De templis Graecorum recentioribus, ad Ioannem Morinum; de narthece ecclesiae veteris, ad Gasparem de Simeonibus; nec non de Graecorum hodie quorundam opinationibus, ad Paullum Zacchiam*. Cologne: Iodocum Kalcovium & Socios, 1645: 113-184.

ÄLFOLDI, Andreas.
Die Struktur des voretuskischen Römerstaates. Heidelberg: Carl Winter -Universitätsverlag, 1974.

AMBELAIN, Robert.
Le vampirisme de la légende au réel. Paris: Trajectoire, 2015.

ANTELO, Raul.
Archifilologías lationoamericanas. Lecturas desde el agotamiento. Villa María: Eduvim, 2015.

APOLODORO.
Bibliothèque. Edición comentada de Jean-Claude Carrière. Besançon : Université de Franche-Comté, 1991.

ARENDT, Hannah.
The Origins of Totalitarianism. London – New York: Harcourt Publishing Company, 1976 (1968ª).

ARISTÓFANES.
Comédies. Tome IV: Les Thesmophories – Les Grenouilles. Edición de Victor Coulon. Paris : Les Belles Lettres, 2012.

ARISTÓFANES.
Aristophanis comoediae et deperditarum fragmenta. Edición de Wilhelm Dindorf. Paris: A. Didot, 1846.

ARISTÓTELES.
Eudemian Ethics. Cambridge Texts in the History of Philosophy. Edición de Brad Inwood y Raphael Woolf. Cambridge: Cambridge University Press, 2013.

ARISTÓTELES.
De la génération des animaux. Edición de Pierre Louis. Paris: Les Belles Lettres, 2003.

ARISTÓTELES.
Metaphysics. Edición de William David Ross. Oxford: Clarendon Press. 1975.

ARISTÓTELES.
De anima. Edición de William David Ross. Oxford: Clarendon Press, 1961.

ARISTÓTELES (Pseudo).
Du Monde. Edición de Jules Tricot. Paris: Librairie philosophique J. Vrin, 1949.

ARISTÓTELES.
Opera. Edición de Immanuel Bekker. Berlin: G. Reimerum, 1831-1870.

AULO GELIO.
Les Nuits attiques. Tome IV: Livres XVI-XX. Edición de Yvette Julien. Paris : Les Belles Lettres, 2019.

BACHOFEN, Johann Jakob.
Das Mutterrecht. Eine Untersuchung über die Gynaikokratie der alten Welt nach ihrer religiösen und rechtlichen Natur. Stuttgart: Krais & Hoffmann, 1861.

BACHOFEN, Johann Jakob.
Versuch über die Gräbersymbolik der Alten. Basel: Bahnmaier, 1859.

BATAILLE, Georges.
Théorie de la Religion. Edición de Thadée Klossowski. Paris: Gallimard, 1974.

BAUDELAIRE, Charles.
Les Fleurs du mal. Edición de Jacques Dupont. Paris: Flammarion, 1991.

BENJAMIN, Walter.
"Schicksal und Charakter". In: *Id. Gesammelte Schriften*. Band II/1. Edición de Rudolf Tiedemann y Hermann Schweppenhäuser. Frankfurt am Main: Suhrkamp Verlag, 1991, pp. 171-178.

BENJAMIN, Walter.
 Das Passagen-Werk. In: *Id. Gesammelte Schriften*. Band V/I. Edición de Rudolf Tiedemann. Frankfurt am Main: Suhrkamp Verlag, 1982.

BENJAMIN, Walter.
 "Johann Jakob Bachofen". In: *Id. Gesammelte Schriften*. Band II – 1. Edición de Rudolf Tiedemann y Hermann Schweppenhäuser. Frankfurt am Main: Suhrkamp Verlag, 1977: 219-234.

BENVENISTE, Émile.
 Origines de la formation des noms en indo-européen. Paris : Librairie d'Amérique et d'Orient Adrien Maisonneuve, 1973 (1935ª).

BENVENISTE, Émile.
 "La légende des Danaïdes". *Revue de l'histoire des religions*. Tomo 136, n°2-3. 1949: 129-138.

BHARGAVA, Pushpa.
 "Panspermia: true or false?" *The Lancet*. Volumen 362, 2003: 407.

BLACKWOOD, Julie – STREICKER, Daniel – ALTIZER, Sonia – ROHANI, Pejman.
 "Resolving the roles of immunity, pathogenesis, and immigration for rabies persistence in vampire bats". *Proceedings of the National Academy of Sciences*. Volumen 110 (51). 2013: 20837-20842.

BLAKE, William.
 The French Revolution. In: *Id. The Complete Poetry*. Edición de Robert Silliman Hillyer. New York: The Modern Library, 1941: 636-650.

BLOOM, Harold.
 Blake's Apocalypse. A Study in Poetic Argument. Ithaca, New York: Cornell University Press, 1963.

BOLLINI, Horacio.
 Los sueños del Gótico. Linaje bíblico y grecolatino del durmiente medieval. Buenos Aires: Editorial Las cuarenta, 2020.

BOMPIANI, Ginevra.
 L'altra metà di Dio. Milano: Feltrinelli Editore, 2019 [edición castellana utilizada: *La otra mitad de Dios*. Traducción de Rodrigo Molina-Zavalía y Mercedes Ruvituso. Buenos Aires: Adriana Hidalgo Editora, 2021].

BORGEAUD, Philippe – DURISCH, Nicole – KOLDE, Antje – SOMMER, Grégoire.
 La mythologie du matriarcat. L'atelier de Johann Jakob Bachofen. Genève: Droz, 1999.

BURKERT, Walter.
 Creation of the Sacred. Tracks of Biology in Early Religions. Massachusetts – London: Harvard University Press, 1996.

Burkert, Walter.
    Homo necans: interpretationen altgriechischer Opferriten und Mythen.
    Berlin – New York: Walter de Gruyter, 1972.

Burnet, Thomas.
    De Statu Mortuorum Et Resurgentium. Roterodami: Apud Johannem
    Hofhout, 1726.

Burton, Robert (Democritus Junior).
    *The Anatomy of Melancholy, What it is: With all the Kinds, Causes,
    Symptomes, Prognostickes, and Several Cures of it. In Three Maine
    Partitions with their several Sections, Members, and Subsections.
    Philosophically, Medicinally, Historically, Opened and Cut Up.* London:
    Hen. Crips & Lodo Lloyd, 1652.

Burucúa, José Emilio – Gil Lozano, Fernanda (compiladores).
    Zileli Dracului. Las diversas caras del vampiro. Buenos Aires: Eudeba,
    2002.

Byron, George Gordon (Lord).
    The Poetical Works of Byron. Edición de Robert Gleckner. Cambridge
    Edition. Boston: Houghton Mifflin Company, 1975.

Cairo, María Emilia.
    *Dioses y Hombres en la Eneida de Virgilio. Un estudio del discurso
    profético.* Buenos Aires: Miño y Dávila editores, 2021.

Calasso, Roberto.
    Ciò che si trova solo in Baudelaire. Milano: Adelphi, 2021.

Calmet, Dom Augustin.
    *Dissertations sur les apparitions des anges, des omple et des esprits, et sur
    les revenants et vampires de Hongrie, de Bohême, de Moravie et de Silésie.*
    2 volúmenes. Paris: Debure l'aîné, 1746.

Cavalcanti, Guido.
    Rime. Edición de R. Rea & G. Inglese. Torino: Einaudi, 2011.

Cebrián, Reyes Bertolín.
    "Some Greek Evidence for Indo-European Youth Contingents of
    Shape Shifters". *Journal of Indo-European Studies.* Tomo 38, n° ¾,
    2010: 343-357.

Cicerón.
    De l'Orateur. Tome II: Livre II. Edición de Edmond Courbaud. Paris:
    Les Belles Lettres, 2009.

Cicerón.
La nature des dieux (de natura deorum). Edición de Clara Auvray-Assayas. Paris: Les Belles Lettres, 2002.

Cicerón.
Tusculanes. Tome I: Livres I-II. Edición de Gustave Fohlen y Jules Humbert. Paris: Les Belles Lettres, 1960.

Clottes, Jean – Lewis-Williams, David.
Les chamanes de la préhistoire. Transe et magie dans les grottes ornées: suivi de Après "Les Chamanes", polémique et réponses. Paris: Éditions du Seuil, 2007.

Coccia, Emanuele.
Métamorphoses. Paris: Rivages, 2020.

Cornavaca, Ramón.
Presocráticos. Fragmentos I (Anaximandro – Heráclito), Buenos Aires: Losada, 2008.

Cragnolini, Mónica.
Vivir de la sangre de otro. La violencia estructural en el tratamiento de humanos y animales. Santa Fe: Vera editorial cartonera / Universidad Nacional del Litoral, 2021.

Creuzer, Friedrich.
Symbolik und Mythologie der alten Völker besonders der Griechen. Leipzig und Darmstadt: Heyer und Leske, 1812.

Dattilo, Emanuele.
Il dio sensibile. Saggio sul ompletes. Vicenza: Neri Pozza, 2021.

De Boyer, Jean-Baptiste (Marquis d'Argens).
Lettres Juives ou Correspondance Philosophique, Historique et Critique Entre un Juif Voyageur à Paris & ses Correspondans en divers Endroits. Volumen 4. La Haye: Pierre Paupie, 1754.

De Maistre, Joseph.
Éclaircissement sur les sacrifices. In: Id. Œuvres. Edición de Pierre Glaudes. Paris : Robert Laffont, 2007: 787-839.

Denzinger, Heinrich.
Enchiridion symbolorum definitionum et declarationum de rebus fidei et morum. Freiburg im Breisgau: Herder, 1911.

Derrida, Jacques.
La vie la mort. Séminaire (1975-1976). Edición de Pascale-Anne Brault y Peggy Kamuf. Paris: Éditions du Seuil, 2019 [edición castellana: La

*vida la muerte. Seminario (1975-1976]. Traducción de Irene Agoff.
Buenos Aires : Eterna Cadencia Editora, 2021].*

DERRIDA, Jacques.
*Séminaire. La peine de mort. Volumen II (2000-2001). Paris: Galilée,
2015.*

DERRIDA, Jacques.
De la grammatologie. Paris: Les Éditions de Minuit, 1967.

DES PLACES, Édouard.
Oracles Chaldaïques. Avec un choix de commentaries anciens. Edición de
Édouard des Places. Paris: Les Belles Lettres, 1971.

DIDI-HUBERMAN, Georges.
Atlas o le gai savoir inquiet. Paris : Les Éditions de Minuit, 2011.

DIELS, Hermann – KRANZ, Walther.
Die Fragmente der Vorsokratiker. 3 volúmenes. Hildesheim: Weidmann,
2004-2005.

DIEZ, Felipe.
*Marial de la sacratissima Virgen nuestra Señora, en que se contienen
muchas consideraciones de grande spiritu, y puntos delicatissimos de la
divina Scriptura.* Salamanca: Juan Fernandez, 1598.

DREXLER, Jan Felix – CORMAN, Victor Max – DROSTEN, Christian.
"Ecology, evolution and classification of bat coronaviruses in the
aftermath of SARS". *Antiviral Research.* Volumen 10, 2014 : 45-56.

DUMÉZIL, Georges.
La religion romaine archaïque. Paris: Payot, 1974.

DUMÉZIL, Georges.
*Le problème des Centaures. Étude de mythologie comparée indo-
européenne.* Paris: Librairie Orientaliste Paul Geuthner, 1929.

EMERMAN, Michael – MALIK, Harmit.
"Paleovirology. Modern Consequences of Ancient Viruses". *PLOS
Biology.* Volumen 8 (2), 2010: 1- 5.

ESQUILO.
*Tragédies. Tome I: Les Suppliantes – Les Perses – Les Sept contre Thèbes
– Prométhée enchaîné.* Edición de Paul Mazon. Paris: Les Belles Lettres,
2019.

ESQUILO.
Tragédies. Tome II: Agamemnon – Les Choéphores – Les Euménides.
Edición de Paul Mazon. Paris: Les Belles Lettres, 2009.

EURÍPIDES.
Tragédies. Tome II: Hippolyte – Andromaque – Hécube. Edición de Louis Méridier. Paris: Les Belles Lettres, 2003.

EURÍPIDES.
Tragédies. Tome V: *Helène – Les Phéniciennes.* Edición de Henri Grégoire y Louis Méridier. Paris: Les Belles Lettres, 2002.

FARNELL, Lewis Richard.
The Cult of the Greek States. volumen. 4, Oxford: Clarendon Press, 1907.

FEIJOO, Benito Jerónimo.
Cartas eruditas y curiosas. Edición crítica de Inmaculada Urzainqui y Eduardo San José. Oviedo: Instituto Feijoo de Estudios del Siglo XVIII: KRK, 2014.

FICINO, Marsilio.
Three Books on Life (De Vita). Edición de Carol Kaske & John Clark, Binghamton – New York: Renaissance Society of America, 1989.

FILÓN DE ALEJANDRÍA.
De specialibus legibus, I-II. Edición de Suzanne Daniel. París: Éditions du Cerf, 1975.

FILÓSTRATO.
Apollonius of Tyana. 3 volúmenes. Edición de Christopher P. Jones. Loeb Classical Library. Cambridge, MA: Harvard University Press, 2005-2006.

FIORI, Roberto.
Homo sacer. Dinamica politico-constituzionale di una sanzione giuridico-religiosa. Universistà di Roma "La Sapienza". Pubblicazioni dell'istituto di Diritto romano e dei Diritti dell'Oriente. Napoli: Jovene Editore, 1996.

FONDEBRIDER, Jorge.
Licantropía. Historias de hombres lobo en Occidente. Buenos Aires : Adriana Hidalgo editora, 2004.

FOUCAULT, Michel.
"Nietzsche, la généalogie, l'histoire". In : *Id. Dits et Écrits.* Edición de Daniel Defert y Fançois Ewald con la colaboración de Jacques Lagrange. 2 volúmenes. Paris: Gallimard, 2001: volumen I, 1004-1024.

FRAZER, James George.
La crossifissione di Cristo. Edición de Andrea Damascelli. Macerata : Quodlibet, 2007.

GARZONI, Tommaso.
L'hospideale de' pazzi incurabili. Venetia : Giacomo Antonio Somascho, 1594.

GERNET, Louis.
Anthropologie de la Grèce antique. Paris : Librairie François Maspero, 1968.

GERVASIO DE TILBURY.
Otia Imperialia ad Ottonem IV Imperatorem. In : Leibniz, Gottfried (editor). *Scriptores rerum Brunsvicensium : Illustrationi inservientes, antiqui omnes…* Hanoverae : Nicolaus Foerster, 1707.

GIANNINI, Alexander.
Paradoxographorum Graecorum reliquiae. Milano: Istituto Editoriale italiano, 1966.

GIMBUTAS, Marija.
Kurgan. Le origini della cultura europea. Milano: Edizioni Medusa, 2010.

GIMBUTAS, Marija.
The Goddesses and Gods of Old Europe. Myths and Cult Images. Berkeley, Los Angeles: University of California Press, 1982.

GINZBURG, Carlo.
La lettera uccide. Milano: Adelphi, 2021.

GINZBURG, Carlo.
Storia notturna: una decifrazione del sabba. Torino: Einaudi, 1989.

GREGORIO DE NISA.
Sur l'âme et la résurrection. Edición de Jean Terrieux. Paris: Les Éditions du Cerf, 1995.

GROOM, Nick.
The Vampire. A New History. New Haven – London: Yale University Press, 2018.

GROYS, Boris (editor).
Russian Cosmism. New York: The MIT Press, 2018.

HAMACHER, Werner.
"Historia de la culpa. Sobre el ensayo de Benjamin *Capitalismo como Religión*" In: *Id. Lingua amissa.* Traducción de Laura Carugatti. Buenos Aires: Miño y Dávila editores, 2013: 133-178.

HARRIS, Hugh – HILL, Colin.
"A Place of Viruses on the Tree of Life". *Frontiers in Microbiology.* Volumen 11, 2021: 1-16.

HARRISON, Jane Ellen.
    Prolegomena to the Study of Greek Religion. Cambridge: Cambridge
    University Press, 1908.

HEIDEGGER, Martin.
    Sein und Zeit. Tübingen: Max Niemeyer Verlag, 2006.

HEIDEGGER, Martin.
    Schelling. Vom Wesen der menschlichen Freiheit. In: *Id. Gesamtausgabe
    II. Abteilung: Vorlesungen 1919-1944. Band 42*. Edición de Ingrid
    Schüssler. Frankfurt am Main: Vittorio Klostermann, 1988.

HERÓDOTO.
    Histoires. Tome I – Livre I: Clio – Tome IV, Livre IV: Melpomène. Edición
    de Philippe-Ernest Legrand. Paris: Les Belles Lettres, 2003.

HIGINIO.
    Fables. Edición de Jean-Yves Boriaud. Paris : Les Belles Lettres, 2012.

HOMERO.
    Iliade. Edición de Paul Mazon revisada por Caroline Noirot. Paris :
    Les Belles Lettres, 2019.

HOMERO.
    L'Odisée. Edición de Victor Bérard. París: Les Belles Lettres, 2018.

HORIE, Masayuki – TOMONAGA, Heizo.
    "Paleovirology of bornaviruses. What can be learned from molecular
    fossils of bornaviruses". *Virus Research*. Volumen 262, 2019: 2-9.

IBARLUCÍA, Ricardo – CASTELLÓ-Joubert, Valeria.
    Vampiria. De Polidori a Lovecraft. Edición crítica. Buenos Aires: Adriana
    Hidalgo editora, 2007.

ISAACSON, Walter.
    *The Code Breaker. Jennifer Doudna, Gene Editing, and the Future of
    the Human Race*. New York: Simon &. Schuster, 2021 [traducción
    castellana utilizada: *El Código de la vida. Jennifer Doudna, la edición
    genética y el futuro de la especie humana*. Traducción Inma Pellisa Díaz
    y Luis Jesús Negro García. Barcelona: Penguin Random House, 2021].

JUAN ESCOTO ERIÚGENA.
    Commentarius in Sanctum Evangelium secundum Iohannem. Edición y
    traducción de Alfredo Eduardo Fraschini. Buenos Aires: Ediciones
    Winograd, 2018.

JESI, Furio.
    Bachofen. Edición de Andrea Cavalletti. Torino: Bollati Boringhieri,
    2005.

KITTLER, Friedrich.
  Draculas Vermächtnis: Technische Schriften. Leipzig: Reclam Verlag,
  1993.

KLIBANSKY, Raymond – PANOFSKY, Erwin – SAXL, Fritz.
  *Saturn and Melancholy. Studies in the History of Natural Philosophy
  Religion and Art*. London: Thomas Nelson & Sons, 1964.

KIRSOPP, Michels Agnes.
  "The topography and interpretation of the Lupercalia". *Transactions
  and Proceedings of the American Philological Association*. Volumen 84,
  1953 : 35-59.

KORF, Gottfried.
  "In Zeichen des Saturn. Vorläufige Notizen zu Warburgs
  Aberglaubensforschung im Ersten Weltkrieg". In: *Id. Kasten 117. Aby
  Warburg und der Aberglaube im Ersten Weltkrieg*. Tübingen: Tübinger
  Vereinigung für Volkskunde, 2007: 181-213.

KOSELLECK, Reinhart.
  "Historia Magistra Vitae. Über die Auflösung des Topos im Horizont
  neuzeitlich bewegter Geschichte". In: *Id. Vergangene Zukunft. Zur
  Semantik geschichtlicher Zeiten*. Frankfurt am Main: Suhrkamp Verlag,
  1989: 38-66.

KRACAUER, Siegfried.
  From Caligary to Hitler. A Psychological History of the German Film.
  Princeton: Princeton University Press, 1947.

LACAN, Jacques,
  "Réponse á des étudiants en philosophie". In: *Id. Autres écrits*. Paris :
  Éditions du Seuil, 2001.

LÉVI, Sylvain.
  La dottrina del sacrificio nei Brāhmana. Milano: Adelphi, 2009.

LECOUTEUX, Claude.
  Fées, Sorcières et Loups-garous au Moyen Âge. Historie du Double. Paris:
  Imago, 2005.

LÉVI-STRAUSS, Claude.
  "Structuralism and Ecology". *Barnard Alumnae*. Volumen LXI, número
  3, 1972 : 6-14 [edición castellana utilizada: *Estructuralismo y ecología*.
  Traducción de Alberto Cardín. Barcelona: Anagrama, 1974].

LEVVY, Hans.
  *Chaldean Oracles and Theurgy. Mysticism Magic and Platonism in the
  Later Roman Empire. Troisième édition para Michel Tardieu*. Paris:
  Institut d'Études Augustiniennes, 2011.

Lubac, Henri de.
   Corpus mysticum: L'Eucharistie et l'Eglise au Moyen Âge. Paris: Les éditions du Cerf, 2010.

Lucano.
   La Guerre civile. La Pharsale. Tome II: Livres VI-X. Edición de Abel Bourgery y Max Ponchont. Paris: Les Belles Lettres, 2018.

Ludueña Romandini, Fabián.
   La ascensión de Atlas. Glosas sobre Aby Warburg. Buenos Aires: Miño y Dávila editores, 2017.

Luisi, Pier Luigi.
   The Emergence of Life: From Chemical Origins to Synthetic Biology. Cambridge: Cambridge University Press, 2006.

Lynch, John Patrick.
   Aristotle's School: Study of a Greek Educational School. Berkeley – Los Angeles: University of California Press, 1972.

Mannhardt, Wilhelm.
   Mythologische Forschungen. Edición de Hermann Patzig. Strassburg – London: Teubner, 1884.

Mannhardt, Wilhelm.
   Die Götterwelt der deutschen und nordischen Völker. Berlin : H. Schindler, 1860.

Mauss, Marcel – Hubert, Henri.
   Essai sur la nature et la fonction du sacrifice. In: *Id. Oeuvres*. Edición de Victor Karady. Volumen I. Paris: Les Éditions de Minuit, 2004: 193-354.

Mayer, Maximilian.
   Titanen. In: Roscher, Wilhelm Heinrich. *Ausführliches Lexikon der griechischen und römischen Mythologie*. Band 5. Leipzig: Teubner, 1924: 987–1019.

Mellaart, James.
   Çatal Hüyük. Stadt aus der Steinzeit. Bergisch Gladbach: Lübbe, 1973.

Meuli, Karl.
   "Über einige alte Rechtsbräuche". In: *Id. Gesammelte Schriften*. 2 volúmenes. Edción de Thomas Geizer. Basel – Stuttgart: Schwabe & Go, 1975: volumen I, 445-469.

Meuli, Karl.
   "Charivari". In: *Id. Gesammelte Schriften*. 2 volúmenes. Edción de Thomas Geizer. Basel – Stuttgart: Schwabe & Go, 1975: volumen I, 471-484.

MEULI, Karl.
"Griechische Opferbräuche". In: *Id. Gesammelte Schriften*. 2 volúmenes. Edción de Thomas Geizer. Basel – Stuttgart: Schwabe & Go, 1975: omple II, 907-1022.

MILNER, Jean-Claude.
La destitution du peuple. Paris: Éditions Verdier, 2022.

MITCHELL, William.
City of Bits. Space, Place and the Infobahn. Massachusetts: MIT Press, 1996.

NIETZSCHE, Friedrich.
Unzeitgemässe Betrachtungen. Zweites Stück: Vom Nutzen und Nachtheil der Historie für das Leben. In: *Id. Kritische Studienausgabe*. Band 1.2. Edición de Giorgio Colli y Mazzino Montinari. München – Berlin – New York: De Gruyter, 1999.

NIETZSCHE, Friedrich.
Zur Genealogie der Moral. In: *Id. Sämtliche Werke. Kritische Studienausgabe*. Edición de Giorgio Colli y Mazzino Montinari. Teil 5. Berlin – New York: Walter de Gruyter, 1988.

NIETZSCHE, Friedrich.
"Wie die 'wahre Welt' endlich zur Fabel wurden". In: *Id. Götzen-Dämmerung (1888). Sämtliche Werke. Kritische Studienausgabe in 15 Bänden*. Edición de Giorgio Colli y Mazzino Montinari. Berlin – New York: Walter de Gruyter, 1967- 1977: Band 6: 80-81.

NIETZSCHE, Friedrich.
Die Geburt der Tragödie aus dem Geiste der Musik [1872/1886]. In: *Id. Sämtliche Werke. Kritische Studienausgabe*. Band 1. Edición de Giorgio Colli y Mazzino Montinari. Berlin – New York: Walter de Gruyter, 1972.

NONO DE PANÓPOLIS.
Dionysiaca. Edición de W.H.D. Rouse. Cambridge, MA: Harvard University Press, 1940-1942.

OGDEN, Daniel.
Greek and Roman Necromancy. Princeton – Oxford: Princeton University Press, 2001.

OVIDIO.
Les Fastes. Tome I: Livres I-III. Edición de Robert Schilling. Paris: Les Belles Lettres, 2011.

OVIDIO.
Les Métamorphoses, tome I : Livres I-V. Edición de Jean-Louis Ferrary y Jean-Yves Guillaumin. Paris: Les Belles Lettres, 2003.

PABAN, Madame Gabrielle de.
Histoire des fantômes et des démons qui se sont mostrés parmi les hommes, ou choix d'anecdotes et de contes, de faits merveilleux, de de traits bizarres, d'aventures extraordinaires sur les revenants, les fantômes, les lutins, des démons, les espectres, les vampires et les apparitions diverses. Paris: Locard et Davi – Mongie – Delaunay, 1819.

PAUSANIAS.
Description de la Grèce. Tome VIII: Livre VIII. L'Arcadie. Edición de Michel Casevitz con la colaboración de Jean Marcadé. Paris: Les Belles Lettres, 2002.

PEMBROKE, Simon Geoffrey.
"Women in Charge: The Function of Alternatives in Early Greek Tradition and the Ancient Idea of Matriarchy". Journal of the Warburg and Courtauld Institutes, 30, 1967: 1–35.

PETRONIO.
Le Satiricon. Edición de Alfred Ernout. Paris: Les Belles Lettres, 1923.

PÍNDARO.
Pindarus. Volumen I: Epinicia. Volumen II: Fragmenta. Edición de Bruno Snell y Herwig Maehler- Leipzig: B. G. Teubner, 1975-1980.

PLATÓN.
Œuvres complètes. Tome VII, 2e partie: La République, Livres VIII-X. Edición de Émile Chambry. Paris: Les Belles Lettres, 2003.

PLATÓN.
Las Leyes. Edición bilingüe de José Manuel Pabón y Manuel Fernández-Galiano. Madrid: Centro de Estudios Políticos y Constitucionales, 1999.

PLATÓN.
Timaeus. Edición y comentario de Francis Macdonald Cornford. London: Routledge & Kegan Paul, 1937.

PLINIO EL VIEJO.
Histoire naturelle. Livre VIII. Edición de Alfred Ernout. Paris: Les Belles Lettres, 2003.

PLUTARCO.
Vies. Tome I : Thésée-Romulus. Lycurgue-Numa. Edición de Emile Chambry – Robert Flacelière – Marcel Juneaux. Paris: Les Belles Lettres, 2019.

POHL, Christoph Johann – HERTEL, Johann Gottlob.
Dissertationen de hominibus post mortem sanguisugis vulgo dictis Vampyren. Lipsiae: Literis Io. Christiani Langenhemii, 1732.

POLIBIO.
Histoires. Tome IX: Livre XII. Edición de Paul Pédech. Paris: Les Belles Lettres, 2003.

PONCE DE LEÓN, Samuel – LAZCANO, Antonio.
"Panspermia: true or false?" *The Lancet*. Volumen 362, 2003: 406-407.

PRAZ, Mario.
La chair, la mort et le diable dans la littérature du XIXe siècle. Le romantisme noir. Paris: Gallimard, 1998.

PROCLO.
De Sacrificio et Magia. Analecta Graeca. Edición de Wilhelm Kroll. Greifswald, 1901: 5-11 [reproducción de la traducción latina de Ficino, Marsilio. *Opera Omnia*. Basilea: ex officina. Henricopetrina, 1576: 1928-1929].

PRÓSPERI, Germán.
Psychomachia I. De Christo et Antichristo. Buenos Aires: Miño y Dávila editores, 2021.

QUISPEL, Gilles.
"Hermann Hesse and Gnosis". In: Aland, Barbara. *Gnosis. Festschrift für Hans Jonas*. Göttingen: Vandenhoech & Ruprecht, 1978: 492-507.

RIFKIN, Jeremy.
The Age of Access. The New Culture of Hypercapitalism. New York: Jeremy P. Tarcher / Putnam, 2001.

ROHDE, Erwin.
Psyche. Seelencult und Unsterblichkeitsglaube der Griechen. Tübingen und Leipzig: Tübingen Mohr, 1903.

ROSCHER, Wilhelm Heinrich.
Von der "Kynanthropie" handelnde Fragment Des Marcellus Von Side. Leipzig: S. Hirzel, 1896.

ROSSELLO, Diego.
"Hobbes and the Wolf-Man: Melancholy and Animality in Modern Sovereignty". *New Literary History*, omple 43, número 2, (2012): 255-279.

ROUSSEAU, Jean Jacques.
"Lettre à Christophe de Beaumont". In: *Id. Oeuvres ompletes*. Tomo IV. Edición publicada bajo la dirección de Bernard Gagebin y Marcel Raymond. Paris: Bibliothèque de la Pléiade, 1969: 925-1007.

RUTHERFORD, Adam.
   A Brief History of Everyone Who Ever Lived. The Stories in Our Genes.
   London: Weidenfeld & Nicolson, 2016.

RUYER, Raymond.
   La cybernétique et l'origine de l'information. Paris: Flammarion, 1954.

SCHEFER, Jean Louis.
   L'hostie profanée. Histoire d'une fiction théologique. Paris: P.O.L, 2007.

SCHELLING, Friedrich Wilhelm Joseph.
   Über das Wesen der menschlichen Freiheit. Hamburg: Meiner, 2001.

SCHMITT, Carl.
   Politische Theologie. Vier Kapitel zur Lehre von der Souveränität, Berlin:
   Duncker & Humblot GmbH, 2009.

SCHÜRMANN, Reiner.
   *The Philosophy of Nietzsche. Lecture Notes for Courses at the New School
   for Social Research (Summer 1975 /Fall 1977/ Spring 1984/ Spring
   1988).* Edición de Francesco Guercio. Zurich: Diaphanes, 2020.

SCHRECKENBERG, Heinz.
   *Ananke: Untersuchungen zur Geschichte des Wortgebrauchs. (Zetemata,
   36).* Munich: C. H. Beck, 1964.

SCHWAB, Klaus.
   The Fourth Industrial Revolution. Geneva: World Economic Forum, 2016.

SERVIO (= MAURUS SERVIUS HONORATUS).
   *In Vergilii carmina comentarii. Servii Grammatici qui feruntur in Vergilii
   carmina commentarii; recensuerunt Georgius Thilo et Hermannus Hagen.*
   Leipzig : B. G. Teubner, 1881.

SEXTO EMPÍRICO.
   Sexti Empirici Opera, volumen III: *Adversus Mathematicos.* Edición de
   Jürgen Mau. Berlin – New York: De Gruyter, 2011.

SHAKESPEARE, William.
   The Oxford Shakespeare. The Complete Works. Edición de Stanley
   Wells y Gary Taylor. Oxford: Oxford University Press, 2005.

SHERMAN, Aubrey.
   Vampires. The Myths, Legends & Lore. Avon (Massachusetts): Adams
   Media, 2014.

SHRESTHA, Rajeet.
   "Clinical Lycanthropy: Delusional Misidentification of the 'Self'". *The
   Journal of Neuropsychiatry and Clinical Neurosciences,* invierno 2014:
   E53-E54

Sloterdijk, Peter.
    Der Denker auf der Bühne: Nietzsches Materialismus. Frankfurt am
    Main: Suhrkamp Verlag, 1986.

Sófocles.
    Tragédies. Tome III: Philoctète – Œdipe à Colone. Edición de Alphonse
    Dain y Paul Mazon. Paris: Les Belles Lettres, 2013.

Stoker, Bram.
    Dracula. New York: Penguin, 1992 (1897[a]).

Suda.
    Suidae Lexicon post Ludolphum Kusterum ad codices manuscriptos.
    Edición de Thomas Gaisford. Oxonii: Typographeo Academico, 1834.

Summers, Montague.
    The Vampire in Europe. London – New York: Routledge, 2003 (1929[a]).

Summers, Montague.
    The Werewolf. London: Kegan Paul, Trench, Trubner & Co., 1933.

Summers, Montague.
    The Vampire. His Kith and Kin. New York: E.P. Dutton, 1929.

Tambrun-Krasker, Brigitte.
    "Les Oracles chaldaïques entre idéologie et critique (XVe – XVIIe
    siècles)". *Hal. Archives ouvertes*, 2010: 1-18.

Tomás de Aquino.
    *Opera omnia iussu impensaque Leonis XIII P. M. edita, t. 11-12: Tertia
    pars Summae theologiae.* Romae: Ex Typographia Polyglotta S. C. de
    Propaganda Fide, 1903-1906.

Usener, Hermann.
    Kleine Schriften. Volumen 4: Arbeiten zur Religionsgeschichte. Cambridge :
    Cambridge University Press, 2012.

Vidal-Naquet, Pierre.
    *Le chasseur noir. Formes de pensée et formes de sociétés dans le monde
    grec.* Paris: Librairie François Maspero, 1981.

Virgilio.
    Énéide. Tome I: Livres I-IV. Edición de Jacques Perret. Paris: Les Belles
    Lettres, 2018.

Viveiros de Castro, Eduardo.
    "Xamanismo e sacrifício". In: *Id. A inconstancia da alma selvagem e
    outros ensaios de antropologia.* São Paulo: Cosac Naify, 2011: 457-472.

VOLTAIRE.
Dictionnaire philosophique. Edición de Gerhardt Stenger. Paris: Flammarion, 2010.

WAINWRIGHT, Milton.
"Author's reply". *The Lancet*. Volumen 362, 2003: 407.

WARBURG, Aby.
Gesammelte Schriften II, 1. Der Bilderatlas Mnemosyne. Edición de Martin Warnke – Claudia Brink. Berlin: Akademie Verlag, 2000.

WICKRAMSINGHE, Chandra – WAINWRIGHT, Milton – NARLIKAR, Jayant.
"SARS. A clue to its origin?" *The Lancet*. Volumen 361, 2003: 1832.

WILAMOWITZ-MOELLENDORFF, Ulrich von.
"Neue lesbische Lyrik". In: *Id. Kleine Schriften*. Volumen I: *Geschichte Epigraphik Archaeologie*. Berlin – Amsterdam: Akademie-Verlag – Adolf M. Hakkert, 1971 [= *Neue Jahrbücher für das klassische Altertum* 33 (1914): 225-247].

WILLERSLEV, Eske – HANSEN, Anders – RONN, Regin – NIELSEN, Ole John.
"Panspermia: true or false?" *The Lancet*. Volumen 362, 2003: 406.

WILSON, Katharina.
"The History of the Word 'Vampire'". *Journal of the History of Ideas*. Volumen 16. Número 4, 1985: 577-583.

WISEMAN, Timothy Peter.
"The God of the Lupercal". *The Journal of Roman Studies*. Volumen 85, 1995: 1-22.

WOESE, Carl – KANDLER, Otto – WHEELIS, Mark.
"Towards a natural system of organisms: Proposal for the domains Archaea, Bacteria, and Eucarya". *Proceedings of the National Academy of Sciences*. Volumen 87, 1990: 4576-4579.

WRIGHT, Dudley.
Vampires and Vampirism. London: William Rider and Son, 1914.

YOUNG, George.
The Russian Cosmists. The Esoteric Futurism of Nikolai Fedorov and His Followers. Oxford – New York: Oxford University Press, 2012.

ZUCCOTTI, Ferdinando.
"In tema di sacertà". *Labeo. Rassegna di Diritto Romano*, XLIV, 1998: 417-459.

Agradecimientos

Stendhal conjeturó alguna vez que el placer de escribir es el mismo de leer, pero sublimado por unas gotas más de intimidad. Salvo que la intimidad, en la época en la que nos ha sido dado vivir, se ha transformado en desarraigo y exilio. De allí que la presencia de los amigos sea un viaducto inmarcesible para cualquier ejercicio de escritura.

Por la misma razón, en esta ocasión las deudas de gratitud serán exiguas pues no habré de nombrar a todas las personas (por otro lado, muy pocas también) que son decisivas en mi vida sino, únicamente, a las que han contribuido efectivamente a la escritura de este libro en el 2022, año III de la Gran Pandemia, durante meses estivales de los más solitarios y desoladores que recuerde, revestido de una profunda fragilidad en todos los aspectos de mi existencia. En la Argentina, han sido determinantes las presencias de Rafael Arce, Juan Cruz Aponiuk, Fernando Beresñak, Hernán Borisonik, Rodrigo Ottonello y Turquesa Topper. Desde Brasil, Julian Alexander Brzozowski y el afecto humano de Fernando Scheibe han transmitido todo el sustento humano e intelectual de un país que constituye mi segundo hogar. Una mención especial merece el admirado

Hilan Bensusan y los miembros de su seminario, pues me han permitido, con una magnificencia que hoy es un bien escasísimo en los medios académicos, dialogar con la actual filosofía del Brasil. Raul Antelo de la *Universidade Federal de Santa Catarina*, es siempre una presencia tutelar que conmina a la disciplina del estudio comprometido con el espíritu del tiempo vivido.

Elsa Dávila me ha enseñado lo que es la entereza de espíritu y la capacidad de renacer y fortalecerse en la adversidad. Gerardo Miño no es sólo el creador artístico de este libro sino un ser humano de quien he aprendido los deberes cabales que tenemos siempre frente al prójimo; mi admiración es innúmera. Emanuele Coccia, desde la École des Hautes Études en Sciences Sociales de París es continuamente un estímulo para el pensamiento que no tiene parangón. Javier y Paloma Pérez Romero han sido de una ayuda inestimable con la bibliografía que es la causa material de la escritura de este libro. Un agradecimiento especial les cabe a Mónica Cragnolini y a Gabriela Balcarce por permitirme, con gran generosidad, una primera aproximación al problema metafísico de la *Ananké* en el número de despedida de la eximia revista *Instantes y Azares. Escrituras nietzscheanas* que ha marcado el pulso de varias generaciones en la filosofía argentina. Asimismo, deben ser aludidos todos aquellos amigos del mundo entero que, sin conocernos en su abrumadora mayoría de modo físico, han apoyado la realización de este libro desde su constante presencia a través de las plataformas de Instagram y Facebook.

Este libro, como todos los anteriores que he escrito, no habría visto la luz sin el indescriptible sostén humano e intelectual de Isaúl Ferreira Olivera.

231

Índice onomástico

Nota tipográfica

En el año 1931 se publicaba el famoso *Ensayo sobre tipografía*, de Eric Gill, en un ambiente de creatividad y pujanza impulsado por la Nueva Tipografía, el movimiento de Isotipo y la Bauhaus. Este "tallador de piedras" inglés, como quiso ser recordado en su epitafio, supo hilvanar la aparente antinomia de la tradición artesanal y la mecanización industrial, proponiendo el uso de longitudes desiguales de línea para evitar la "violencia visual" de los textos justificados sobre los espaciados. Sus formas tipográficas de palo seco, que han recorrido el mundo –y que hemos retomado en la presente edición bajo el modelo GillSans en cuerpo 11–, presentan una sensibilidad formal heredera de las diseñadas por Johnston para el metro de Londres, verdadero prototipo de la *vacuna de la letra moderna*.

Y es que, mientras Eric Gill generaba controversias por su prolífera vida artística y su enfermiza (e impúdica) vida privada en el viejo continente, del otro lado del Atlántico, William Burroughs hacía pública una frase tan extravagante como contundente: *"El lenguaje es un virus del espacio exterior"*, sentencia que, luego de recorrer estas páginas del puño de Fabián Ludueña Romandini, se nos revela ahora bajo nuevas y asombrosas luces.

Efectivamente, promediando el siglo xx, Burroughs ya nos anticipaba la presencia de un agente no-vivo alojado desde los comienzos de la historia en posesión y control, como existencia vampírica, de los Seres Hablantes. Un virus extra-geodésico que ha venido infectando y debilitando hasta condicionar toda acción de la vida humana en Gaia. La fuerza contagiosa y reproductiva del virus del lenguaje ha venido penetrando e imponiendo un reino de estructuras cohesivas de sentido.

Pero, a su vez, también en los albores de la Primera Era Metafísica, se han generado los anticuerpos necesarios para establecer un milagroso remedio: la letra escrita. Figuras como E.G. y W.B. emergen, unas como desarrolladoras de la vacuna en sus laboratorios de fundidoras, otras como dispersadoras del *phármakon* desde sus máquinas de escribir. Estos forjadores de la letra, maestros tipógrafos y renovadores del lenguaje narrativo, han podido desestructurar lo estructurado y dislocar lo ordenado para liberar las mentes del sentido.

Tal como afirma Burroughs en *La revolución electrónica*, la manipulación de la letra escrita es el anticuerpo que se ha ido perfeccionando durante los miles de años que nos separan de las primeras formas de vacunación por la letra, en un derrotero que avanza hasta arribar a las nuevas formas tecnológicas de inoculación en la Segunda Era Metafísica, donde la ficción del hiperletrismo cobra realidad.

G. Miño